写真でたどる
古関裕而の足跡

JR福島駅前のハモンド・オルガンを奏でる古関裕而像

福島

古関裕而の生家「喜多三呉服店」跡地に建てられた「生誕の地」記念碑。古関裕而は明治42年（1909年）8月11日、福島市大町に生まれた

福島市内を流れる阿武隈川と吾妻連峰の眺望

大正時代初期の福島市街の様子（国立国会図書館所蔵）

明治時代末期、福島市と阿武隈川の流れ（国立国会図書館所蔵）

川俣

古関裕而が銀行員時代を過ごした福島県川俣町

明治時代末期の川俣絹布整練会社（国立国会図書館所蔵）。川俣の地は古くから絹織物の名産地として知られていた

世田谷

古関夫妻が東京での新居を構えた現在の世田谷代田駅付近。冬は雪を頂いた富士山が見える

天正19年（1591年）に創建されたと伝わる世田谷区代田の代田八幡神社

世田谷

古関裕而の旧宅付近を流れている北沢川の緑道

古関裕而の旧宅から徒歩数分の場所にある羽根木公園。太平洋戦争中当時は根津山と呼ばれ、防空壕が設置されていた。現在は美しい梅林が広がる

飯坂温泉

太平洋戦争中から終戦直後にかけて古関裕而が疎開していた福島市の飯坂温泉

大正時代初期の飯坂温泉の様子（国立国会図書館所蔵）

福島市名誉市民第１号の古関裕而の業績をたたえ、昭和63年（1988年）に開館した福島市古関裕而記念館

中経の文庫

古関裕而

日本人を励まし続けた応援歌作曲の神様

青山 誠

KADOKAWA

目次

第1章　福島行進曲

第2章　夢淡き東京

第3章 露営の歌

第4章　長崎の鐘

第5章　栄冠は君に輝く

DTP：ニッタプリントサービス

福島市内を流れる阿武隈川と吾妻連峰

教室の窓には、吾妻連峰の雄大な連なりが広がっていた。眼下には阿武隈川の清らかな流れも見える。「この景色を眺めているうち、頭の中に曲が次々と思い浮かんできた」と、古関裕而は語った。数々の名曲の源は、故郷の街から眺めた山河にあり。その眺めは当時と変わらぬ姿でそこにある。そして、昭和という時代が遠い過去になったいまも、この景色から生まれた彼の楽曲は色あせることのない輝きを放ちつづけている。

第1章 福島行進曲

作曲家・古関裕而をつくりあげた故郷・福島

昭和39年（1964）10月10日。この日の東京は雲ひとつなく、すっきりと晴れていた。前日までは厚い雲に覆われ、時折小雨が降る嫌な天気だった。それだけに、日本中がホッと胸をなでおろす。国立競技場の上空ではブルーインパルスが青空に描く「五輪」に、観衆はどよめき、歓声をあげた。

前列のロイヤルシートには古関裕而《こせきゆうじ》の姿もある。足を揃えて控えめに行儀よく座りながら、いつものように柔和な笑みをたたえていた。ただ、この日の笑顔には、安堵《あんど》の色が微かににじんでいる。最良の舞台が整ったことを最も喜んでいたのは、彼なのかもしれない。

午後2時。選手の入場行進が始まり、各国の選手団が次々と競技場に入ってきた。競技場にはテンポの良いマーチが流れ、曲に歩調をあわせながら行進する選手たちの姿に躍動感があふれだす。この日のために、古関が作曲した入場行進曲。その旋律にも、この日の青空はよく似合っていた。

1964年の東京オリンピック開会式、日本選手団の入場行進
（朝日新聞社提供）

「心も浮き立つような、古関裕而作曲のオリンピック・マーチが鳴り響きます」

と、アナウンサーが発した実況中継の第一声。古関にも届いていたはずだ。

「報われた」

その思いはあったと思う。

アジアではじめてのオリンピック。日本の作曲家を代表してその入場行進曲を作るということは、生涯5000曲以上の作品のなかでも特別の意味をもつ。青空の下、自分の曲に乗せて世界中から集まった選手たちが行進し、5万人を超える観衆が曲に合わせて笑顔で手拍子する。作曲家冥利《みょうり》に尽きる。この素晴らしい瞬間を目にしたことで、これまでの生みの苦しみの苦労が報われた。また、片田舎で将来の不安に怯《おび》えながら独学した日々、ヒット曲に恵まれなかった苦悩、それもこれも、この瞬間で報われた……。

「福島行進曲」　　　　作詞　野村俊夫

胸の火燃ゆる宵闇に

恋し福ビル引き眉毛
サラリと投げたトランプに
心にゃ金の灯愛の影

月の出潮の宵闇に
そぞろ歩こうよ紅葉山《もみじやま》
真赤に咲いた花さえも
明けりゃ冷たい露の下

昏燃ゆる宵闇に
いとし福島恋の街
柳並木に灯《ひ》がともりゃ
泣いて別れる人もある

昭和6年（1931）にコロムビアから発売された『福島行進曲』で、古関裕而はプロの作曲家としてデビューする。最初の楽曲に故郷の福島をテーマにした歌詞を選んだのは、彼の強い希望によるものだったという。郷土愛。それだけではない。この街が、作曲家・古関裕而をつくりあげた。その晩年に、地元局が彼の足跡をたどるテレビ番組を制作した。オープニング・シーンは、おそらく紅葉山だろうか。古関は福島市街地や故郷の山河を一望する高台に立ちながら、

「ここにあがって市内を見回すと、昔の作曲をしていた頃の少年時代が思い出される。こういった山や川がある街で私は大きくなり、それで作曲もやった。そういう風景が私の全体の作品の中にあるもんじゃないかなと思っている」

と、語っている。

明治42年（1909）8月11日、古関裕而は福島県福島市大町に生まれる。「裕而」を名乗るのは後のことで、親がつけてくれた名前は「勇治」だった。

日露戦争から4年が過ぎている。「世界の一等国」を意識するようになった日本では、各地で鉄道網や道路のインフラ整備が急速に進められていた。この2年前に市制を施行したばかりの福島も「江戸」から「近代」への過渡期。数年で街並みは

大きく変貌している。

当時「停車場」と呼ばれていた福島駅は、東北線と奥羽線の分岐点としてにぎわうようになった。屋根に明かり取りの窓を配した疑似洋風建築の駅舎の下、駅前広場には洋装の旅人や荷駄が行き交う。駅前から東の方角へ、かつての奥州街道が真っすぐに延びている。今も昔と変わらぬこの街のメインストリートだが、昭和40年代までは市街地を縦断する路面電車が通りを走っていた。大正15年（1926）に電化される以前は、小さな蒸気機関車が客車を引く「軽便鉄道」だった。道の片側には鉄路に並行して『福島行進曲』の歌詞にもある柳の並木がつづく。その柳は、「福島駅からまっすぐ東に延びた大通りの両側に並木になっていた。春には芽吹き、その緑は街に風情をそえていたが、いつの間に切られたのか、今では跡かたもない」

と、古関は自伝『鐘よ 鳴り響け』の中で懐かしそうに語っている。

軽便鉄道の蒸気機関車はマッチ箱のような客車を引きながら、自転車や馬が引く荷駄と競争しつつ柳並木の下を走る。本町通りとの交差点を過ぎると、車窓の左手に石造りの重厚な洋館の日本銀行福島支店が見えてくる。建物の角は欧米の古城を想像させるドーム型の塔のように造られ、それがじつに印象的だ。本町通りにあるレンガ造りの福島県農工銀行と同じで、東京駅を設計した辰野金吾の傑作とされている。本町の交差点を過ぎると、日銀支店の他にも福島商業銀行、第百七銀行など金融機関の建物が増えてくる。

明治から大正期の福島は、絹産業の好況に沸いていた。銀行が軒を連ねる通りは、地場産業の発展を象徴する眺めでもある。当時これを〝福島のウォール街〟と呼ぶ者もいた。銀行勤めの人々だろうか、洋服姿のサラリーマンの姿も目立つ。そういった高所得者層の購買欲を満足させる高級品を扱う店もまた、この界隈には多い。軽便鉄道が走るメインストリートは、このあたりで福島城の正門である大手門（追手門）から南北に延びる道と交差する。周辺は江戸時代から城下で最もにぎわう街の中心地だった。藩政期には大手小路と呼ばれたが、維新後に道が拡幅されてからは〝大町〟と呼び名が変わる。維新後も街の中心であることは変わりない。東北線が開業してからも、城下を代表する老舗や大店は駅前に移転せずに、この付近で商売をつづけてきた。東京でいえば銀座のような場所にあたる。

洋風建築の銀行やオフィスビルの間に挟まるようにして、豪壮な店蔵が点在して

古関裕而の生家跡付近に建つ生誕の地の記念碑

いる。蒸気機関車が吐きだす煤煙《ばいえん》で壁の漆喰《しっくい》は薄汚れてはいるが、この中心街に店舗を維持しつづけることで、客は「老舗」「高級品」といったイメージを抱く。商人にとっては計り知れないメリットがあった。

古関の生家である呉服商「喜多三《きたさん》」がある場所もまた、そんな〝福島の銀座〟のど真ん中。日本銀行福島支店と通りを挟んで斜向いに、大きな店蔵を構えていた。街でも有数の大商人である。『鐘よ 鳴り響け』には、

「番頭、小僧が十数人。明治末期に東北には仙台に次いで二台めというナショナル金銭登録機をでんと店頭に備え付け、市内有数の老舗として繁盛していた」

と、書かれている。何ひとつ不自由ないお坊ちゃんだったことは間違いない。また、かなりにぎやかな環境でもあったはず。

昔の住居地図を見ながら、現地を歩測して「喜多三」の規模を検証してみる。ウナギの寝床のような細長い敷地は、おそらく表通りから100メートル近い奥行きがあったと思われる。表通りに店舗があり、その裏手に家族や住み込みの従業員たちの生活空間、さらに、中庭を挟んで商品や家財などを保管する土蔵が立つ。当時

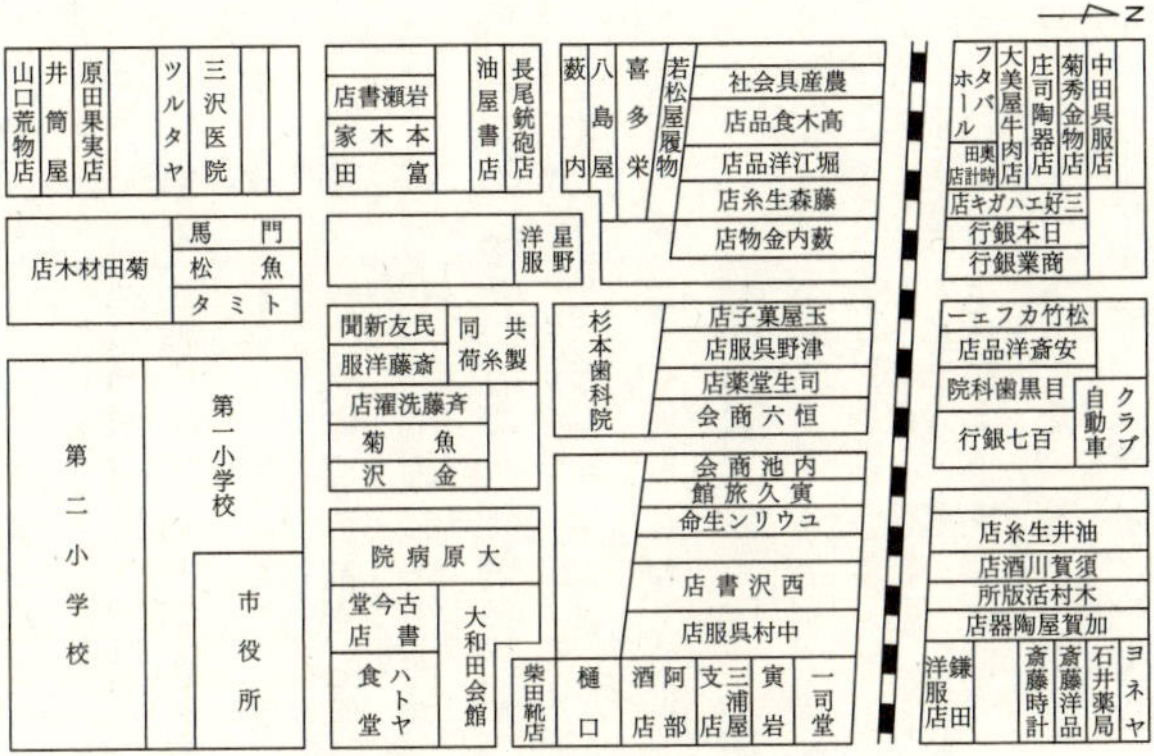

大正14年の福島市中心部の地図
（東京交通協会発行　福島市職業別明細図から抜粋）

※この地図が作成されたのは「喜多三」の廃業から2～3年後のこと。地図の「津野呉服店」がある場所に古関裕而の生家があったと思われる。

の商家の基本的な造り、おそらく、古関が幼少期を過ごした「喜多三」もそんな感じだろう。表通りを走る軽便鉄道の汽笛、街路を走る荷駄の車輪の響き、商談する番頭や客たちの声、店舗と中庭の奥にある蔵との間を忙《せわ》しなく行き来する使用人たちの足音……そんな様々な音を子守歌代わりに聴いて育った。

そして、物心ついた頃には、文明の利器から流れるハイカラで華やいだ音も、彼の耳に届いてくるようになる。古関の父・三郎次《さぶろうじ》は、好奇心旺盛で新しい物好きな人物だった。古関がよちよち歩きの大正時代初期、東京でもまだ珍しかった蓄音機を購入している。これで浪曲や民謡のレコードを聴いていたという。

大衆文化の黎明《れいめい》期にあたるこの時代には、音楽の世界にも新しい波が起きていた。西洋音楽の手法を取り入れた新しい大衆歌謡の登場である。大正3年（1914）、女優・松井須磨子《まついすまこ》が舞台で歌った『カチューシャの唄』が、彼女の魔性的な魅力とともに人々の心を惹《ひ》きつけた。これが後に日本初の「歌謡曲」と呼ばれるようになる。浪曲や浪花節とは違って、誰もが簡単に口ずさむ軽やかなメロディーライン。街中でもよこの鼻歌がよく聞かれた。

『カチューシャの唄』は東洋蓄音器がレコード化して発売し、たちまち2万枚以上

『カチューシャの唄』を歌った松井須磨子
（朝日新聞社提供）

を売り上げるミリオンセラーとなる。2000枚売れたら大ヒットといわれた時代。『カチューシャの唄』のレコードは1円50銭だったが、当時は熟練した職人の日当にほぼ相当する。そう簡単に購入できるものではなかった。しかし、新しい物好きで金は余っている父・三郎次だけに、購入していたのかもしれない。古関も父親の膝の上で聴いただろうか？

その才能は、故郷の山河に育まれた

大正5年（1916）の春、古関は福島師範附属小学校に入学した。自宅からは近い。「喜多三」のある大町のメインストリートを東へ、子供の足で3～4分歩いたあたりに、かつて福島城大手門からつづく県庁通りとの交差点がある。鉄道ができる以前は、市内交通の一大ジャンクション。道は常に多勢の人々や荷駄で混雑している。それをかき分けながら学校に通っていた。

この四つ角は江戸時代に高札場が設置されていたことから「札の辻」と呼ばれた。維新後もその呼び名は変わらず定着している。交差点に立つ福島郵便局は、1階部分に上げ下げ窓がならぶモダンな木造建築。その前を右に曲がった県庁通りに入る。軽便鉄道が走るメインストリートとは違って道幅は狭く、当時はまだ舗装されていなかった。雨の日には道がぬかるみ、下駄《げた》の歯の間に挟まって歩きづらい。それでも楽しい通学路だったに違いない。道沿いには、通りのサイズにあわせてこぢんまりした商店がならんでいる。商品も庶民的なものや日常品が多いのだが、子供には魅力的な駄菓子屋、玩具店などもある。放課後の道草も楽しい場所だった。

県庁通りの突き当たりは、かつての福島城の城域。維新後は石垣を崩して堀は埋められ、陸奥福島藩3万石の居城だった頃の面影はない。県庁を中心とした官庁街に変貌している。

緑の木々の上には県庁舎や図書館の洋館が見える。ヨーロッパの街にも似た風情が漂う。ここで口ずさむのは、やはり浪曲や浪花節よりも洋楽のほうがしっくりとくるだろうか？　県議事堂に隣接して福島師範学校女子部がある。女学生たちが奏でるピアノの音や歌声が、通学中の古関の耳にも聴こえただろう。彼が通う小学校も師範学校の敷地内にある。

福島県師範学校・福島県女子師範学校の跡の碑

この頃、大正デモクラシーの自由闊達《かったつ》な空気が、子供たちの世界にもしだいに浸透しつつある。古関が3年生に進んだ大正7年（1918）には、児童文学者の鈴《すず》木《き》三《み》重《え》吉《きち》によって児童向けの文芸誌『赤い鳥』が創刊された。それまでの小学校では、音楽の時間には文部省が選定して唱歌が歌われていた。しかし、鈴木は国策や教条を押し付けるような政府主導の唱歌は低級で愚かなものと嫌悪する。子供たちの純粋性や想像力を育むための新しい歌の創造にも意欲を燃やした。

彼の考えに同調した西條八十《さいじょうやそ》、北原白秋らが子供向けの歌曲の歌詞を創作し、その歌詞にドイツのベルリン王立アカデミーに学び日本初の交響曲を作曲した山田《やまだ》耕筰《こうさく》や、東京音楽学校（後の東京藝術大学）で山田の教えを受けた成田為三《なりたためぞう》らが曲をつけた。『赤い鳥』の誌面にこれらの歌詞や譜面が掲載されると、その文学性や芸術性の高さが話題になる。

この新しい子供向け創作歌曲は「童謡」と呼ばれるようになった。従来の唱歌のように単調ではなく、情感があふれ変化に富んだ旋律には大人たちも魅了され、教育者たちの間にも童謡の普及を提唱する者も現れる。

新しい波は白河の関を越えて福島にも波及した。古関が通う小学校は師範学校附属なだけに、本校を卒業したばかりの若い教師が多く赴任している。他校に比べると教師の平均年齢は若い。旺盛な好奇心が新しい波を敏感に察知する。都会の教育現場で話題になっている童謡普及運動も、すぐに彼らのアンテナに引っかかったようだ。3年次の担任だった遠藤喜美治《えんどうきみじ》もそのひとり。創刊されたばかりの『赤い鳥』を熱心に購読し、自らも童謡を作曲するようになる。師範学校では音楽も必須教科、男性教師もピアノを弾き譜面が読める。

『赤い鳥』の童謡普及運動に感化された遠藤は、子供たちの音楽教育にも熱心だった。童謡を歌わせるだけではなく、子供たちにも自作の童謡を作ることを勧める。小学校に入学した時から、音楽の授業が大好きでいつも唱歌を歌っていた古関は、童謡にも強い関心をもつようになる。遠藤から初歩的な作曲のやり方を教わると、次々に曲を自作するようになった。その楽しさにすっかり魅せられる。

他のクラスメートたちも童謡を創作するようになったが、曲を作るよりも詩を書くことを好む者が圧倒的多数。やはり、小学生に作曲はハードルが高かったのだろうか。古関だけが唯一の例外。そのため、友人たちは詩を作ると、それを彼のところに持ってきて曲をつけてもらうようになった。作曲の依頼が殺到して大忙しだったが、すべて引き受けて一日中曲作りに没頭する。もともとが凝り性、今で言う〝オタク気質〟なところがあったのかもしれない。好きなものには寝食忘れて徹底的にのめり込む。

小学校の裏手には阿武隈《あぶくま》川が流れていた。校庭のすぐ隣には橋桁代わりに和船を並べ、それを縄でつないで橋を通してある。増水や渇水による水位の変化に対応した舟橋と呼ばれるもので、明治〜大正期には日本中に同様の橋があった。橋の袂《たもと》に大福餅を売る茶屋が立っている。古関は昼休みや放課後に先生たちの目を盗んでは、よくこの茶屋に通い大福餅を食べたという。広い川岸には春は菜の花、初夏は新緑に萌える。その先には、高村光太郎の『智恵子抄』にも詠まれた安達太良《あだたら》山の穏やかな山並みが聳《そび》えていた。最もお気に入りの故郷の風景だ。この場所で景色を眺め風にそよぐ草木や川のせせらぎを聴きながら、曲のイメージをふくらませる。そんな日々のなかで、少年時代は過ぎていった。

当時の古関はまだ五線譜を知らない。明治時代に西洋音楽が入るようなってから数字譜が普及し、この頃もまだ五線譜より数字譜のほうが一般的だった。音階を1

から7までの数字で表現し、休符記号の代わりに0を用いるというもの。遠藤先生も数字譜を用いて作曲指導をしていたようだ。

レコードが高価な時代でもあり、当時の音楽好きは数字譜の楽譜を買って歌を覚えた。大正4年（1915）に設立されたセノオ音楽出版社が、竹久夢二《たけひさゆめじ》の作品を表紙絵にしたセノオ楽譜を販売するようになると「印刷のインクが乾かないうちに売り切れた」という逸話が残るほど売れに売れた。古関も小遣いを貰《もら》うとすぐに近所の書店へ走り、新しい楽譜を物色したという。絵を描くことも好きな彼には、夢二の表紙絵も楽しみのひとつだった。現在でも和楽器の楽譜にはこの数字譜が使われている。しかし、和音が多く複数のパートによって構成される近代西洋音楽の楽譜としては不向き。複雑な音色を表現するには限界がある。

本格的に作曲活動をするなら、五線譜を理解する必要があった。片田舎の街では、本格的な音楽指導をしてくれる音楽教室などない。しかし、彼は独学して小学校を卒業する頃には五線譜が自由に読めて楽譜が書けるようになっていた。そのきっかけは、10歳の時に母が買ってくれた卓上ピアノだった。ピアノ用の五線譜で書かれた楽譜を眺めながら、探り弾きして実際の音色と譜面を照合してゆくうちに、音符や臨時記号の意味が理解できるようになったという。

　それはかなり根気を要する苦行にも思えるのだが、本人に「苦労した」という思いはない。むしろ面白く感じてピアノに熱中したという。独学でそこまでの域に到達できたのは、好きな事に徹底して没頭できる集中力あればこそ。また、それが可能だった境遇も大きい。

　この当時の庶民には、ピアノを触るどころか見たこともないという者も多くいる。学校の音楽室にあるのは安価な国産オルガン。大正時代初期の頃、本格的なピアノは最低価格でも1台1000円程度はする。労働者の日当が50〜60銭、その数年分の年収に相当する金額だ。古関が買い与えられたのは小型の卓上ピアノだったが、それでも数百円。庶民が子供に買い与えられるような代物ではない。音楽家の素質だけではどうにもならないところがある。素質を開花させるための環境や境遇にも恵まれていたということだ。

父の苦境を横目にほくそ笑む。その真意は⁉

大正7年（1918）年には、第一次世界大戦下の欧州で蔓延《まんえん》していたスペイン風邪が世界中で猛威をふるう。日本の街中でもマスク姿が目立つようになった。人の出入りが激しい客商売なだけに、父母は子供たちへの感染を恐れたことだろう。スペイン風邪流行が最盛期となった冬場には、外出を控えさせる家も多かった。普通の子供なら反発するところだが、作曲に夢中だった古関は、これ幸いと家にこもって作曲とピアノに没頭する。と、そんな姿を想像してしまう。

大正8年（1919）1月5日には松井須磨子が亡くなっている。その2カ月前には、彼女と不倫スキャンダルを起こした島村抱月《しまむらほうげつ》がスペイン風邪を患って急死していた。その後を追って自殺したのだ。それだけに世間が騒ぐ。第一次世界大戦の講和条件を討議するパリ講和会議開催が2週間後に迫っていた。しかし、人々にはひとりの女優の自殺にまつわる話のほうが関心事。壮絶な塹壕《ざんごう》戦や砲撃で破壊された都市も、新聞の写真で見るだけでは、戦争が現実のものとは思えない。平和で少し弛緩《しかん》した空気が蔓延するなか、日本人は我が世の春を謳歌《おうか》していた。

そういった太平の世は、大衆文化を熟成させる最適の土壌でもある。松井須磨子亡き後も、新しい歌謡曲は続々と生まれた。竹久夢二の詩にバイオリン奏者・多忠《おおのただ》亮《すけ》が曲をつけた『宵待草《よいまちぐさ》』が2年ほど前にセノオ楽譜として発売されて以来、ロングランのヒットとなっている。演歌師の奏でるバイオリンの気だるい音色にあわせて酔客たちがこの歌を歌う姿が、盛り場ではよく見られた。また、流行に敏感な人々の間ではジャズも聴かれるようになった。メロディーを重視する従来の欧米音楽とは違って、リズムやビートが強調される。ノリが良いこの新しい音楽は、後の日本の歌謡曲にも大きな影響を及ぼすようになる。

クラシックに歌謡曲、ジャズと日本の音楽も多様化してきた。それに伴って音楽市場も大きくなる。日清戦争終戦の翌年にあたる明治29年（1896）、アメリカ人のF・W・ホーンがレコードや蓄音機の輸入販売を目的にホーン商会を設立。これが日本の音楽産業の黎明だった。明治43年（1910）には日本蓄音器商会が蓄音機やレコードの国産化に乗りだし、東洋蓄音器や大阪蓄音器などの同業社が次々に設立されている。

輸入盤にはない長唄や浪曲、詩吟など日本の楽曲が国産レコードとして発売されるようになったのだが、当初は販売員が富裕層の家を訪問して売り歩くスタイルだった。この売り方では販売枚数もたかが知れている。現代のインディーズ・レーベルと変わらない零細な商売だった。しかし、初の歌謡曲『カチューシャの唄』の爆発的ヒットがその状況を変えた。東洋蓄音器に先を越されたライバル各社も、歌謡曲の製作販売に力を入れるようになり、音楽産業の規模は急速に拡大してゆく。

そうなると、レコード会社は作詞家や作曲家と専属契約を結んで、有能な人材を確保しようとする。これまで世間から認められる「音楽家」は、東京音楽学校を卒業しているか、欧米に音楽留学した者に限られていた。レコード会社が作曲を依頼するのも、欧米の音楽に精通した音楽学校の卒業生や学生である。しかし、毎年の卒業生が30人程度という小規模校であり、作曲を専攻する者の数はさらに少ない。急成長する業界の需要を賄うには、もはや学歴にこだわっていられない。才能のある者にはチャンスが与えられる。そんな時代が到来しつつあった。

小学校を卒業する頃、古関も音楽家になることを夢見るようになる。それは時代の空気が多分に影響していたようだが、まだまだおぼろげなはるかに遠い夢だった。そこに到達するための道もみつかっていない。

大正11年（1922）古関は福島商業学校（現在の福島商業高等学校）に進学した。当時の学校制度における中等教育は、高等学校や大学への進学をめざす男子のための中学校と、女子が通う高等女学校、商業や工業などを専門に学ぶ実業学校などに分かれていた。この街で商家に生まれた者は、福島商業に進学する。それがお定まりの進路であり、疑問をもつ者はいなかった。

実業学校を卒業すれば、高等教育機関である各種専門学校への進学も可能ではある。この前年には福島市内にも福島高等商業学校が開校している。全国では7番目、東北地方では唯一の高等商業学校。おそらく古関が望めば、福島高等商業学校への進学までは許されただろう。しかし、上京して音楽学校に進学するという道は閉ざされている。本心ではそれを望んでいるが、口に出しては言えない。決して叶《かな》えられぬ夢を口にして、余計な軋轢《あつれき》を生じさせるのは賢いやり方ではない。

古関が進路のことで親と争った様子はなかった。この街を出ることなく、父の跡を継いで老舗呉服店の主として生きる。それは生まれた時から定められた運命だった。運命に従っているふりさえしていれば、親もだいたいのことは大目にみてくれ

福島県立福島商業高等学校（戦前の福島商業学校）跡の碑

る。学業をさぼってピアノや作曲に夢中になっても、めったに説教されることはない。楽譜を買う小遣いも不自由なく与えられる。昔から商家の旦那衆には、歌舞音曲を趣味としている者は多かった。外で悪い遊びを覚えるよりは、家でおとなしくピアノでも弾いてもらっていたほうがよっぽどいい。と、父母はあくまで趣味の範《はん》疇《ちゅう》として彼の音楽ざんまいを許してきたのだろう。

この時代の長男坊には家業や家を存続させるという義務感が強い。古関もまた同じだろう。運命に従って生きる。学校に通っている間はもちろん、卒業してからも商家の若旦那として「趣味」の音楽を楽しむことはできる。生きることに追われ趣味どころではない人の多い世で、それは十分に幸せな身分ではないか、と。自分に言い聞かせて、音楽家への夢を封印する。抗《あらが》うことなく商家の跡取り息子のお定まりコースである福島商業に入学したのは、そんな心境だったのかもしれない。

しかし、商業学校に進学して数カ月が過ぎた頃、その封印は突然として解かれることになる。不景気の影響で、跡を継ぐべき店が廃業してしまったのだ。第一次世界大戦の終結で大戦景気のバブルが弾け、この年になると銀行や企業の倒産も増えていた。古関は還暦を過ぎてから出演したテレビ番組で、「ホッとしました。そうじゃなければ呉服屋になって、今頃は福島市内でデパートかスーパーマーケットをやっていたかもしれません」

と、この時のことを語っている。家業の廃業にショックを受けることなく「ホッとしました」とは……この言葉に、古関の音楽家への夢がいかに強いものだったか、うかがい知ることができる。内心では夢を諦めきれずに、悶々《もんもん》としていたのかもしれない。しかし、家業が廃業したことで、やっと音楽家の夢を堂々と公言できるようになった。また、夢を実現するために行動する自由も得た。家業の廃業は重圧からの解放。古関には喜ばしいことだった。そんなふうにも思えてくる。

福島商業学校入学から家業が廃業するまでは、長い人生の中では一瞬とも思える数カ月だが、自分の将来についてこれほど思い悩み考えた時期はなかったはずだ。一度は諦めたことで、音楽に対する思いの強さを我ながら思い知ったことだろう。もう二度と諦めない。とも、心に誓った。音楽家修業が本格化したのも、この頃からである。

学生の身分は、音楽修業の隠れ蓑

「喜多三」の廃業から間もなく、古関家は店舗を処分して同じ福島市市内の新町に転居した。大町のメインストリートから徒歩10分程度の近所である。「喜多三」からは福島郵便局前の札の辻で県庁通りを左手の方角に曲がり、信夫山《しのぶやま》方面へと向かって歩く。大町界隈で軒を連ねていた家並みはすぐに途切れて、右手には稲荷神社の社が見えてくる。当時の市街地はかなり小さい。稲荷神社とその周辺は、明治22年（1889）に町村制が施行されるまで腰浜村《こしのはまむら》と呼ばれ、福島の城下町には含まれていない郊外だった。

社の境内は現在よりもずっと広く、盆踊りや相撲興行が催されたりもする。しかし、ふだんは静かな場所。木々に囲まれた境内はしんと静まり返っている。この稲荷神社とは道を挟んで斜向いの一角が、古関家が引っ越してきた新町である。家並みはまばらで草木が生い茂る空地が目立つ。付近には大きな墓地もある。眺めは寒々しい。旧宅とは徒歩でわずか数分の距離だが、近代建築の銀行が立ちならび路面電車が走る大町界隈とはまるで別世界の感がある。

古関家の新居は、通りに面した店舗兼用の2階建て。「喜多三」の店蔵とは比べようもない小さくみずほらしい木造建築だが、父・三郎次はここで再起を図ろうと奮起する。染め物問屋を開業し、東北地方ではまだ珍しかった毛織物モスリンを扱ったりもした。しかし、何をやってもうまくいかない。そのうち仕事への意欲を失って、一日中好きな謡曲を歌いながら過ごすようになった。まるで隠居のようだ。それでも一家が食うには困らず、古関が学校に通うことができたのだから、かなりの蓄財があったのだろう。下手な商売で財産を食い潰すよりは、おとなしく隠居したほうが無難。そんな判断だろうか。

父が完全に商売と決別したことで、古関はさらにホッと安堵したのかもしれない。

将来の夢を聞かれたら、

「音楽家です」

誰が聞いていようが、躊躇《ちゅうちょ》なく答えられる状況になった。

父が商売を諦めたことで、さらに音楽に傾倒してゆく。新町の自宅から福島商業へは、現在の県庁通りを北方へ真っすぐ歩いて10〜15分くらいの距離にある。沿道には軍施設の広い敷地や雑木林が広がっている。視界を遮る建物は少なく、街の象徴である信夫山が裾野のほうまで見える。四季折々に変化する信夫山の景観を眺めながら歩く日々のなかで、曲のインスピレーションを得ることも多い。学生服のポケットにはいつもハーモニカが入れてある。歩きながらハーモニカを吹いて頭の中で思い描いた曲を音にしてみる。後でそれを五線譜に書き記した。作曲に熱中するあまり歩くのを忘れて、遅刻することもあっただろう。が、気にしない。

「ソロバンの玉よりも、音符のタマばかり見ていた」

学生時代を振り返って本人もこう語っている。

2年生になった頃には、山田耕筰の楽譜を大量に購入して研究に没頭する。この時ばかりは、無駄遣いを父から叱られたというが、これも気にしない。難解な音楽書を読みながら独学をつづけ、レコードを聴いただけで各楽器のパートを採譜できるまでになっていた。

大正12年（1923）9月1日、関東大震災が発生して東京が壊滅した。古関はこの時も新しい楽譜を求めて書店にいたのだが、本棚から本が飛び落ちるほどの揺れに驚いて屋外に飛び出す。関東から離れた福島盆地もかなり揺れたようだ。「東京の火事が見える」などという者がいて、急いで自宅に戻り2階から東京の方角を眺めた。デマである。南の方角は、いつものように静かな山々の連なりがあるだけ。古関は山々の先にある東京の惨状を想像した。そのイメージから『大地の反逆』と題した交響曲をつくった。音楽の知識や作曲の腕前は、童謡を作っていた小学校時代よりもかなりグレードアップしている。交響曲を作曲し、自分の指揮でオーケストラが曲を演奏する。古関が指揮棒を下ろした時、観客はスタンディングオベーションを起こす……そうなりたい。と、夢のほうも具体性をおびてきた。

もはや学業には完全に興味を失っている。こうなると、商業学校に通っていることは、まったく無意味に思えてくる。学生の間は働かず親の脛《すね》をかじって暮らしていける。勉学を諦めた余りある時間を音楽のために費やせる。学生服を着ている間は何をやっていようが、親戚や世間から苦言を呈されることもない。音楽家修業には絶好の隠れ蓑《みの》と考えていたふしがある。

このあたり、意外と計算高くて図太い性格も垣間見られる。正規の音楽教育を受けることなく、音楽大学卒業の学歴もない人物が作曲家として大成するには、それも必要な資質だろう。ただ、表面的にはそういった怜悧《れいり》な計算やガツガツしたところが感じられない。いつも控えめで温厚そうな笑顔には、つい警戒感が緩んでしまう。少なくとも人から嫌われるタイプではなかった。これもまた大成する人物が持って生まれてくる資質のひとつか？

木造平屋の教室や実習棟、購買部などの建物が渡り廊下で結ばれ、校舎に囲まれた真ん中の空間には庭球場、裏手の煙草《たばこ》工場との間に小さな運動場と柔道場がある。こぢんまりとした学校の敷地に見合って、生徒数は1学年50人程度と少ない。全校生徒が顔見知りでアットホームな雰囲気がある。

古関は少し吃音《きつおん》もあったことから、口数は少なく穏やかでおとなしい生徒だった。普通なら目立たない人物となるはずが、当時この学校に在籍した多くの者たちが彼のことをよく覚えている。休憩時間になるといつも、校舎の裏手で信夫山を眺めながらハーモニカを吹き、じっと五線譜に音符を眺める。その姿がよく目撃された。

「音譜が解《わか》るやつ」

どんな曲でも一度聴いただけで覚えて、さっと音譜を書いて楽譜にしてしまう。それを目撃した級友たちは驚いた。学業そっちのけで音楽に没頭する姿を見て「自分たちとは、何かが違う」と畏敬の念に打たれた。存在感のある異端者といった印象だろうか。また、彼はハーモニカが吹ける。しかもうまい。それだけで学内では饒舌《じょうぜつ》な者たちよりもよっぽど目立つ。戦後も少し前の時代は、ギターが弾ければ放課後の主役になれた。喋《しゃべ》らずともハーモニカを吹けば、級友たちはその音に耳を傾ける。曲にあわせて歌う者も多かっただろう。

また、小学校の時と同様に、自作の詩を持ってきて古関に作曲を依頼してくる者もいる。中等教育も高学年になれば思春期真っただ中。小学生のように天真爛漫《らんまん》なヤツばかりではない。大人のまねをして背伸びしたがる年頃である。当時の学生は本もよく読んでいるだけに、こじらせ系の中二病患者は現代よりずっと多かった。自己満足の極みのような、難解で曲をつけにくい詩も多く持ち込まれる。しかし、それを嫌がることはない。修業者である彼にとって、難しい課題はむしろ好むところ。詩の意味を必死に理解して、それに似合う曲をつけようと努力する。将来への布石。それだけではない、やっぱり作曲が好きなのだ。曲を作っている時は、将来への不安も忘れて没頭し心底楽しむことができた。この時期に様々な趣向で書かれた詩に曲をつけてきたことが、後々のためにも役に立った。

この頃の古関もまた、少しこじらせていたのかもしれない。作曲や絵を描くだけではなく、本もよく読んだ。北原白秋や竹久夢二の詩にも夢中だった。在学中の大正13年（1924）には生徒会誌『学而《がくじ》』が創刊されている。古関は創刊号に地元の昔話を題材に「五色沼」という創作小説を寄稿し、その後も彼の創作や詩がよく誌面に掲載されたという。ちなみに、古関は「勇治」という名が作曲家には勇ましすぎて似合わないということで「裕而」を名乗るようになったが、この名も『学而』の一字をもらってつけたものだ。

歌謡曲では歌詞がより重視され、作曲家も詩の意味を理解してこれに即した曲をつけることが求められる。文学の素養も必要だということだ。当時そこまで考えていたわけではなさそうだが、結果的には作曲家になるためのいい修業になった。

在学中に福島ハーモニカ・ソサエティーに加入して、市内で催される定期演奏会にも大人たちと一緒に出演するようになっていた。明治時代末期に国産ハーモニカが製造されると、安価で気軽に演奏できる楽器として大流行。やがて様々な音を奏でるハーモニカが造られるようになり、ハーモニカだけで構成されるオーストラも登場する。大正時代になると、都会の学生たちの間ではハーモニカ・バンド結成がブームになった。90年代のバンドブームと似たような感じだろうか。

その流行は東北地方にも波及していた。福島ハーモニカ・ソサエティーの結成は、大正10年頃とされている。福島県下では最も早くに生まれた洋楽の演奏団体で、毎年春秋2回開かれる定期演奏会は街の名物になっていた。県内の音楽好きの間ではよく知られた存在。この頃は「東北一」の評価を得るまでになっていた。それだけに、入団を許された時は古関も嬉《うれ》しかったようである。

リーダーは福島商業の先輩で、市内の老舗蕎麦《そば》店「広瀬庵」の若旦那。約50人いる団員には商店の跡取りや県庁の公務員が多い。みんな20〜30代の若者だが、古関たち学生から見れば、かなりの年齢差を感じる〝大人〟である。そんな大人たちに交じって演奏し、やがてはタクトを振って演奏を指揮するようになった。その姿を目撃した同級生からは「古関すげぇ」と、さらに一目置かれるようになる。また、オーケストラ用の楽譜をハーモニカで演奏するために編曲も古関が担当していた。それができたのは団員の中でも彼だけ。山田耕筰著の『作曲法』などを読みながら独学で勉強したものだが、そのスキルはすでに「田舎の若者たちの音楽趣味」の域を超えていた。

この頃になると福島市内でもクラシック音楽のレコード・コンサートも催されるようになっていた。古関はここではじめてドビュッシーやストラビンスキーなどの本格的なクラシック音楽と出合う。

「これが音楽家なのか」

と、強烈な感動と衝撃を覚えた。

自分もいつか……と、指揮棒を振りつづける。ますます音楽にのめり込んでゆく。そのぶん学校の成績はさらに下がり、4年生の時には落第を経験した。

教会の鐘の音を聴きながら、無職のひきこもり生活

古関の落第は、音楽を聴くためにラジオを自作しようとして、その作業に熱中し

すぎたのも原因だったという。大正14年（1925）に東京で日本初のラジオ放送が開始され、この後数年で日本各地に放送網ができあがる。ラジオを通して音楽が聴けるようにもなった。当初は「レコードが売れなくなる」とレコード業界はラジオ放送を脅威に感じていたようだが、ラジオを通して人々が歌謡曲を聴く機会が増えたことで、より親しまれるようになる。そこから数々の大ヒットが生まれた。新しい文明の利器が、音楽の市場をさらに拡大させる。

さて、この落第について父母から叱られたという話は聞かない。本人もまったく気にする様子はなく、音楽ざんまいの日々はこの後もつづく。むしろ、古関は落第を望んでいたのではないか？　音楽のことだけ考えて生きればいい。彼の人生のなかでも、最も安穏として楽しい日々だった。落第によって、人生最良の時はさらに1年間延長された。が、それがいつまでもつづくはずがない。昭和3年（1928）3月、古関は福島商業学校を卒業する。卒業証書は彼の人生の猶予期間の終了を意味した。古関は卒業アルバムに、

「末は音楽家だよ」

と、寄せ書きしている。人生最良の時が終わる。残念ではあるが、やれる事はす

べてやったという満足感もある。学業を犠牲にした6年間の音楽修業で、夢を実現するための知識や実力は身についた。太くしっかりとして、よく目立つ寄せ書きの文字にもその自信がうかがえる。

しかし、その実力を世間に認められるか……それが最大の問題。解決策の見えない難問でもある。現代ならSNSに楽曲を投稿して、そこから人気に火がつきメジャー・デビューということもあるのだが。90年前の福島から、音楽の市場がある東京や大阪などの大都市に情報を発信する手立てはない。この街にいる限りは、誰もその才能には気づかない。音楽で飯を食える手立てはなく、いつまでも親の脛をかじるわけにもいかない。福島ハーモニカ・ソサエティーでの活動をつづけるにしても、何らかの仕事をして賃金を得ねばならないだろう。音楽にかかる時間はそれだけ短くなる。

福島盆地と東京との間に連なる山々。曲を発想する源となってきた愛すべき景色も、この頃には夢の実現を阻む険しい障壁に見えていたかもしれない。

音楽で身を立てるには、東京に出て音楽学校に進学する。それしかないだろう。

しかし、学費や生活費をどうする？　働きながら苦学して大成した者は多い。その選択肢は考えていたが、実行は躊躇してしまう。このあたり、お坊ちゃん育ちの弱さだろうか。これまで自分の手で金を稼いだ経験がなく、衣食に苦労したこともない。音楽のこと以外には、まったく無知で無能力だった。

それは自分が一番よく理解《わか》っている。家を出たらすぐに野垂れ死ぬのではないか？　その不安から動けずにいた。隠居同然の親を頼りながら、実家に居座りつづける日々。音楽ざんまいは学生の頃と変わらないのだが、学生とは違っていまは無職のひきこもりだ。世間体が悪くて、人目も気になる。また、しだいに老いてゆく父母を見ていると、このままではいけないという焦りや圧迫感が押し寄せる。

古関が福島商業を卒業した年、実家とは道路を挟んだ向かい側に日本キリスト教団福島新町教会が完成している。毎日、教会で奏でられるオルガンの音や賛美歌、鐘の音が古関の耳にも届いていたはずだ。鐘の音は、古関の楽曲にも大きな意味をもつようになる。しかし、この時の彼は……どんな思いで、この音を聴いていたのだろうか。

古関裕而が福島商業学校を卒業した年に完成した福島新町教会

銀座の歩行者天国

戦前の頃も東京を歌った歌謡曲は多く、そこは若者たちを魅了する様々な夢がある。古関もまた作曲家になる夢を実現するために、新妻・金子を連れて上京した。しかし、夢を実現させることなく、失意を抱えて東京を去る者もまた多いもの。彼もヒット曲にめぐまれず、苦しい日々がつづいた。「演歌師の片棒担ぎか、せいぜい成功しても地方小唄の作曲をするのが関の山だ」という、父の言葉も現実味をおびてくる。

第2章 夢淡き東京

縁故採用で銀行に就職

昭和3年（1928）5月、『アラビヤの唄』がビクターレコードから発売されると、たちまち大ヒット。アメリカ映画の主題歌に日本語の歌詞をつけたカバー曲だったが、ジャズ風の明るくノリの良い曲調が、不景気に鬱屈《うっくつ》していた人々の心を和ませた。

古関も聴いていただろうか。学校を卒業してから早や2カ月が過ぎている。あと3カ月もすれば、またひとつ歳をとって19歳になる。音楽家になる夢は捨ててはいなかった。しかし、そのために進むべき道がいまだ見えず、実家から動けずにいた。

自伝『鐘よ 鳴り響け』では、

「私は昔から、アラビア風のものに憧れていた」

と、砂漠への憧れを語っている。この頃は、彼の人生の中でも最もつらく不遇の時代。それだけに、街中でよく聴かれたこの流行歌が心に染みただろう。アラビアの砂漠に沈む夕日の情景を、和製ジャズ・シンガーの草分け二村定一《ふたむらていいち》がハリのある

和製ジャズ・シンガーの草分けの二村定一（朝日新聞社提供）

声で歌いあげる。耳を傾ければ、故郷の街を囲む山々を越え、心ははるか彼方のアラビアまで飛んで行くような気分に浸ることができる……あるいは、砂漠への憧れは不遇な時代に聴いたこの曲から生まれたか？　彼もまた、閉塞した状況からの救いを歌に求めた。

この時期、遊んで過ごしていたわけではない。作曲と音楽研究をつづけながら、福島ハーモニカ・ソサエティーの活動にも積極的に取り組んでいる。しかし、それで金を稼げるわけではない。他人の目には、収入を得る仕事以外の活動をすべて「遊び」「趣味」としか映らない。「いい若いものが仕事もせずに」と、人々の冷たい視線を感じたりもするだろう。どうも居心地が悪い。音楽家になる夢は捨てないが、夢に到達するまでの間は、もう少し居心地の良い状況をつくれないものだろうか。作曲や音楽活動をする時間が十分にとれるのなら、就職してみるのもいいかな。と、そんなことも考えるようになっていた。そのタイミングで、

「ぶらぶらしているなら、うちの銀行に勤めないか？」

伯父の武藤茂平《もへい》から声をかけられる。

母の実家である武藤家は、阿武隈山中の小盆地にある川俣町で代々醸造業や質業を営んでいた。県内でも有数の資産家、高額納税者として貴族院議員を務めたこともある。『川俣町史』によれば、明治42年（1909）の「質屋営業調」で971万6580円の貸金高が記録されている。大正時代になると武藤家が中心となって川俣銀行が創立され、伯父・茂平はその頭取に就任していた。川俣町に本店、隣接する飯野村に支店があり、ちょうど銀行員が不足していたという。

息子の将来を心配する母親から相談されたのか、茂平自身が見かねて声をかけたのか。それは分からないが、創業者の頭取である彼は、自分の一存で採用を決められる立場にあった。大金を扱う仕事なだけに縁故の者を使うほうが安心だし、一応は商業学校を卒業しているのでそれなり使える。と、見えたのか？　茂平にとって都合のいい人材だったのだろう。また、古関からしても昔からよく知る伯父が雇主なら、いろいろと融通を利かせてもらえるといった甘えや計算がある。それは否めない。就職しても仕事を本気でやる気はなく、音楽の勉強や福島ハーモニカ・ソサエティーの活動を優先したいというのが本音。見ず知らずの他人が経営者や上司だと、新入社員の立場でそれは難しい。音楽家になるまで、世間への体裁を繕う「隠

川俣町の風景

れ蓑」には最適の環境だった。

山間のユートピアで、道を求めつづける

大正15年（1926）3月には川俣線が開通している。福島市域の南端にある松川駅から川俣町まで、最盛期には1日12便が往復していた。川俣線が廃止された現在よりも、福島からの距離は幾分近く感じられたはずだ。福島駅から東北線に乗って松川駅で降り、跨線《こせん》橋を渡った駅舎寄りのホームで川俣行きの汽車に乗り換える。松川～川俣間は約12キロと短いが、阿武隈山地の険しい山並みを縫うようにして通る鉄路は、切り通しの鉄橋や長いトンネルがあり変化に富んでいる。車窓には渓谷の美しい眺めも広がる。

素晴らしい眺めではある。が、山岳地帯の鉄道工事は建設費もかさむ。将来的には阿武隈山地を横断して太平洋岸の浪江まで延長される予定だった。しかし、実際には戦後に廃線となるまで、川俣町から先に鉄路が延長されることはなかった。やはり莫大《ばくだい》な建設費が問題だった。それでも川俣まで鉄路を通すことができたのは、

川俣線を走る蒸気機関車。福島県の松川－岩代川俣間を結ぶ同線は、
1972年に廃止された（朝日新聞社提供）

当時、この町にあふれていた活気と経済力によるところが大きい。

川俣は昔から絹織物の名産地として知られる。絹の縦糸と横糸を交互に縫い合わせる羽二重は、軽く光沢のある布地として礼服などに使われる高級絹織物。なかでも川俣の羽二重は昔から江戸や京で人気があり、幕末期の安政年間には年間6万反が生産される名産品だった。大正時代には海外輸出もさかんになり、内外の業者から世界一の品質と高い評価を得ている。これだけ薄くて強い絹織物が作れるのは世界でも川俣だけ。と、欧米では女性用ストッキングの素材として求められ、

「川俣の絹が世界の女の足を包んだ」

そう言われた時代に、古関はこの町に移り住んできた。利ざやの大きな高級品だが、いくら生産しても需要に追いつかない状況がつづいている。第一次世界大戦後、日本中の経済が低迷した頃なだけに、よそ者が川俣駅に降り立つと、そこには異質な空気が漂っているのを感じる。活気があふれているのだ。古関もまたその空気にさらされるうち、音楽浪人生活での鬱屈がしだいに晴れて表情は明るくなってきた。

川俣町の中心街は駅から少し離れている。広瀬川に架かる橋を渡ると、道の両側

に密集した家並みが連なっていた。古関の伯父・武藤茂平の家もこの通り沿いにある。板塀に囲まれた立派な門構えの屋敷。敷地には木々が茂る庭園が広がり、その奥に2階建ての母屋の屋根が立っている。古関はここに下宿していた。

勤務する川俣銀行は、伯父の家から通りを真っすぐ北へ500メートルほど行った場所にある。道の片側には用水路が通り、山々からにじみ出した清流を運んでくる。表通りには商人たちの土蔵や店蔵がならぶ。また、一筋裏手の広瀬川沿いには羽二重を織る機屋も多く立っていた。地機《じばた》のリズミカルな音を聞きながら、毎朝この道を歩いて通勤する。見上げれば、家並みの先には山々の連なりが見える。福島市街地から眺める山々は雄大な印象だが、それとは違って、ここの山並みは低く優しげに映る。川俣に来たのは5月頃、山は新緑に覆われていた。街中からでも生い茂る樹木の枝葉が見えるほどに、山々は近くにあった。平地にある福島市から遠望する山とは、まったく違った印象だ。それが、彼の作る曲にも何らかの変化をもたらしただろうか。

古関が勤務する川俣銀行本店は、メインストリートの北端のあたり。付近には福島商業銀行や第百七銀行の支店、羽二重の買い付けにやってくる出張者のための旅館、飲食店などもあった。川俣では最もにぎわう中心地である。本店とはいえ行員は古関を含めて5人、あとは雑務係が1人いるだけの小さな店舗だった。出納役の武藤二郎もまた、古関の母の弟。つまり、叔父と甥の関係だった。一番下っ端の新人行員ではあるが、創業者一族の縁者である。先輩たちも遠慮しているのか、担当以外の雑務を命じてはこない。

週に1回、羽二重の市が立つ日だけは、店頭に預金の出し入れをする人々が押し寄せて忙しくなる。しかし、それ以外の日は、客も少なく暇を持て余すことが多かったという。そんな時には……、

「大きな帳簿の間に五線紙をはさんでは、愛唱していた白秋や露風の詩集の中から好きな詩を選んで作曲したり」

『鐘よ 鳴り響け』の中に、こんな記述がある。学生時代、授業中に教科書の中に五線紙を隠して作曲していた時と同じである。

戦前も銀行は午後3時が閉店だった。入口を閉めてしまえば、後はじつにのんびりしたもの。店の奥には畳敷きの休憩室があり、行員たちの休憩にも使われた。閉

店後はそこに若い行員や、近所の商家で働く若者が集って語らい、にぎやかに歌い踊ったりもする。古関が福島商業時代の同級生に宛てた手紙には、

「銀行がひけると小使室で木村さんと私と、私と同年配の辺見と云う銀行員と、それから運送会社の小僧さん、うどんやの番頭達と銀行の破れる程、さわいでます。之《こ》を称して『川銀ギャズ・バンド』と言う。」

と、書かれていた。銀行内に行員以外の者が立ち入るというのも、現代では考えられないこと。当時でも福島などの都市部の銀行ではなかっただろう。山間の小さな町ならでは、住人同士の距離の近さが感じられる。同年代の若者たちと一緒に大声で歌い、都会のダンスホールのまねをして踊りに興じる。自宅でひとり悶々としていた時と比べると、はるかに楽しそうだ。銀行員という絶好の隠れ蓑を得て、精神的にもかなり楽になったのだろう。

『古関裕而物語』（歴史春秋社／齋藤秀隆著）では、

「裕ちゃんはダンスばかりやって、仕事をやらないので駄目だ」

と、当時の川俣銀行で給仕をやっていた人物が、古関についての印象を語っている。仕事をさぼってばかりいる縁故採用、しかも地元出身者ではないよそ者。普通

なら、嫌われ敬遠されても不思議ではない。しかし、古関のことを「裕ちゃん」と親しげに呼ぶ給仕の言葉からは、嫌っている印象は感じとれない。しょうがないヤツなんだけど、なんとなく憎めないといったところだろうか。

帳簿の間に五線紙を隠しながら、誰にも気づかれず……と、思っているのは本人だけ。周囲には完全にばれている。それにも気がつかない古関のヌケたところを、皆がほほ笑ましく思っていたのかもしれない。控えめな彼の性格からして、頭取の親族であることを鼻にかけるような態度はとらないだろうし、ダメなヤツだけど憎めない。と、職場の愛されキャラになれる条件は兼ね備えている。また、周囲にバレていることに気がつかないほど、熱中して黙々と取り組むその姿。何をめざしているか分からないけど、ちょっと間抜けで純粋な求道者を応援したい。そんな気持ちにもなるのだろう。

学生時代や浪人生活をしていた頃よりもさらに、音楽に傾倒してゆく。そのために費やす時間はさらに増えていた。下宿先の伯父の家にはオルガンがある。同居する従妹《いとこ》のものだが、この頃は古関が使うほうが多かったという。また、休日になると、一日中風景を眺めながら作曲に没頭した。武藤家の2〜3軒行った機屋の脇にある路地を入ると、その先には東園寺という大きな寺がある。石段を上った山門の脇に座って景色を眺めながら、頭のなかで曲を作る。長時間そこに座りつづける古関を、土地の人は不思議そうに眺めているけど気にしない。晴れた日には、東園寺の裏手にある小山にも登った。四方を山に囲まれた小盆地の眺めが素晴らしく、新しい曲がすぐに頭に浮かんでくる。

それを家に帰ってから楽譜に書き込んで、手紙とともに山田耕筰に送る。尊敬する師、めざすべき人物と音楽でつながっている……そう思うと、おぼろげながら、行くべき道が見えてきた気がしてくる。

国際コンクールに入賞、その快挙に日本の音楽界もざわついた

月に数回、川俣銀行では福島市内にある安田銀行支店から現金を運んでくる。それも古関の役目だった。仕事はできないけれど、頭取の甥ということで信用されていたのだろう。10万円の札束を風呂敷に包んで帰るだけに緊張もするが、福島行き

は楽しみのひとつだった。川俣と比べると福島の街は大きく洗練されている。古関にとっては慣れ親しんだ故郷だが、これまでとは違った印象に映っていた。

　駅前から柳並木のメインストリートを歩く。路面に敷設された鉄路にはもう蒸気機関車の姿はなく、昭和に元号が変わった頃から路面電車が走るようになっている。煙を噴かない路面電車の静かで軽やかな走りが、モダンな雰囲気を漂わせていた。本町通りと交差する場所には、昭和2年（1927）に完成した福島ビルディングが立っている。市民の間では「福ビル」の愛称で知られ、柳並木とともに『福島行進曲』でも歌われたこの街の象徴。竣工時には、福島県内で最初のエレベーターを完備する建物として注目された。上階は福島商工会議所のオフィス、1階は名店街となっている。屋上からは市域が一望できる。福島市随一の高層ビル……なのだが、最上階は3階。東京や大阪では珍しくもない雑居ビルだろう。それほど、この時代は大都市圏と地方との差が大きかった。その事実を思えば駅前通りを銀座と重ねあわせて連想したことが、ちょっと恥ずかしくもなってくる。

　関東大震災から6年が過ぎていた。復興が進み近代都市に生まれ変わった東京の姿が、ここのところ雑誌や新聞でもよく紹介されている。映画『東京行進曲』が封切られると、同名のテーマ曲がビクターレコードから発売され、25万枚を売り上げる大ヒットに。西條八十の歌詞には丸ビルや地下鉄、新宿のデパートなどの東京名所、ジャズやダンスといった新しい風俗文化が随所に出てくる。東京は再び、日本中の若者たちを惹《ひ》きつける魅力を放ちはじめていた。そろそろ東京に出て勝負してみたい。そんな思いが日増しに強くなっていた。じつは、密《ひそ》かにそのための行動も起こしている。

古関は川俣銀行に就職した後も、福島ハーモニカ・ソサエティーの演奏会には参加していた。福島を訪れた折には団員たちと交流し、練習に参加することもある。しかし、彼と親交深かった仲間たちも、この頃に古関が音楽家になるために起こしていた行動については何も知らない。

そして、友人や知人たちはある日突然、それを新聞記事によって知ることになる。昭和5年（1930）1月23日付の『福島民友新聞』紙面には、

「世界的に認められた！　一無名青年の曲」

というタイトルの記事が大きく掲載された。

『東京行進曲』の作詞を行った西條八十（朝日新聞社提供）

1年ほど前に英国ロンドンにあるチェスター楽譜出版社が曲を公募していたのだが、古関は音楽雑誌の募集広告を見て、ちょうど完成したばかりの曲を送ったという。曲のタイトルは「竹取物語」。日本の古典であるかぐや姫の物語をイメージした舞踏組曲で、曲の随所に日本的な雰囲気が取り入れてある。それが欧米人の耳には珍しく、神秘的に映り興味をそそったのかもしれない。世界的に有名な作曲家も多数応募していたが、そのなかで彼の曲が2等に選ばれ、当時日本円にして400円の賞金とロンドンへの音楽留学が認められたのだ。

音楽学校で正規の教育を受けていない者が、本格的な交響曲を作曲した。それだけでも驚きだが、イギリスのコンクールで入賞を果たしたということが日本の音楽界をざわつかせた。現代とは違って日本人の欧米コンプレックスは強く、輸入品なら何でも〝一流〟と考える舶来信仰が蔓延《まんえん》していた。とくに芸術文化の世界ではそれが強い。欧米に留学すればそれだけで箔《はく》がつき、地位が約束された時代である。

片田舎でひとり、独学で音楽を学んだ青年の曲が世界に認められた。シンデレラ・ストーリーは、やがて日本中で話題になる。地元である福島ではさらに注目は高まったが、古関を知る人々はまだ信じられない気分だったろう。

このコンクールに応募作品を送ったのが前年の夏前、暮れの頃には本人に入賞が告げられていたといわれる。福島商業学校の恩師・丹治嘉市《たんじかいち》だけにはすべてを話し、今後のことを相談していたのだ。が、その他の者は新聞を読んではじめて事実を知った。この快挙を報じた『福島民友新聞』でも、

「同君はこの栄誉を何故か今日まで厳秘にしてゐたものである」

といった疑問を呈して記事を締めくくっている。

古関がなぜ入賞を秘密にしていたのか？　チェスター音楽出版社から正式発表まで極秘にするよう告げられていたともいわれる。正式発表前に世間が知れば入賞が取り消されるかもしれないと、慎重になっていたのかもしれない。また、彼は川俣での暮らしを気に入っていた。静かな環境のなかで風景を眺めながら曲を作り、銀行の仕事の合間には休憩室に仲間たちと集まって歌や踊りに興じる。それが楽しい。しかし、入賞を世間が知れば、状況は激変するだろう。この暮らしも、そこで終わるかもしれない。自分からそれに終止符を打つようことをする必要はない。いずれ世間は入賞の事実を知るだろうから、その日が来るまでは黙っていよう。そう思っ

たのではないか？

新聞で公表されて銀行の上司や同僚たちにも入賞を知り、古関に聞いてみるのだが、

「そんなことありません。たしかに昨年の7月に曲を応募しましたが、当選なんかしていません」

こう言って、この時になっても入賞を否定しつづけたという。憧れた音楽家への道を開けたことはうれしい。しかし、新しいことへの挑戦は大きな不安もつきまとう。居心地のよいこの町と職場を離れたくない。そんな思いから、つい嘘《うそ》をついてしまったのだろうか。

そして、もうひとつ古関が隠していることがある。入賞者にはイギリスへの音楽留学の特典である。新聞では「賞金4000円」と報じられていたが、実際の賞金額は1000円、残りの3000円はイギリスへの渡航費用として支払われたものだった。巡査や小学校教師の初任給が45～50円、1000円あれば家が建てられたという時代。日本から欧州までの船賃が1000円程度だったというから、余裕で

往復できる金額だ。

入賞が世間に知られる前から、古関はイギリス行きを決心していたようである。しかし、入賞の件と同様、父母や周囲の友人・知人にその件も告げていない。イギリスに行って言葉はどうするか、留学期間は5年とされていたがその間の生活費は支給されるか、等々。クリアしなければならない問題は多々あったが、世界的な音楽家が大勢いる欧州で学べるチャンスである。これを逃したらもう生涯ないだろう。帰国した時には、誰もが「音楽家」として認めるはず。憧れの山田耕筰と並び立つことができる。不安よりも魅力のほうが大きい。

入賞が発表される前、唯一、すべてを話して相談に乗ってもらった恩師の丹治には、

「来年の2月末には渡英します」

と、手紙に書いている。このままだと2月末になればまた、周囲の人々は驚くことになるはず……だったが、古関は2月になっても動かなかった。ヨーロッパどころか、県境を越えることなく川俣に留まったまま、銀行での勤務をつづけている。

約3カ月間、文通だけの交際で電撃結婚

古関はイギリス留学を言いだすことなく、留学の話は誰にも知られず自然消滅してしまう。じつはこの頃になると、イギリスへの興味をすっかり失っていたようだ。それよりも別のことに、彼の心は大きく動いている。それがまた、すぐ後に周囲の人々を驚かせることになるのだが……。

古関の入賞が新聞で報じられてから間もなく、彼のもとへ1通の手紙が届いた。差出人は、愛知県豊橋市に住む内山金子《うちやまきんこ》とある。彼女も音楽好きで、幼い頃からオルガンや合唱などに親しんでいた。地元の豊橋高等女学校を卒業後は、宝塚音楽学校への進学をめざしたのだが、父が脳出血で急死したためにこれを断念。いまは名古屋の雑誌社に勤務しながら、独学で声楽などを勉強しているという。同じように働きながら独学し、欧米の作曲コンクールに入賞した古関の存在を知り共感して筆をとったのである。この頃の古関は日本中の音楽関係者や音楽愛好家に知られ、ちょっとした〝時の人〟。他にも多くのファンレターが送られてきていた。そのな

かでも、なぜか金子の手紙は気になって何度も読み直し、その人物に興味を抱くようになる。そして返信の手紙を書いた。まさか返信などは期待していなかった金子は、これに喜びすぐにまた手紙を書く。こうして短期間のうちにふたりは、頻繁に手紙をやりとりするような仲になっていた。

ふたりは家庭や職場などお互いの詳しいプロフィールを知るようになり、心の奥底にある誰にも話したことのない心情まで交換するようになる。この間、一度も顔をあわせたことはないのだが、すでに関係は恋愛に発展していた。90年代のインターネット創世記に流行したチャットで、一度も顔をあわせたことのない者同士が深く愛しあうようになり、ついには結婚してしまう。そんな例が相次ぐようになり〝チャット婚〟と呼ばれて話題になった。チャット婚の当事者たちによれば、直接に顔を見合わせて話をするよりも、心の内を正直に語りあえて、相手のことをより深く理解することができたという。

戦前の若者たちのほうが、こういった恋愛には現代よりも抵抗は少なかっただろう。親が勧める相手と婚約し、結婚式の当日までお互い会って話したことがない。そんな例も珍しくなかった。相手の写真1枚だけ渡され、あとは手紙を数回やりとりりする程度。写真を眺め手紙を何回も読み返しながら、まだ一度も会ったことのない相手との愛を育み結婚の日を心待ちにする。そんな時代だから、古関と金子も文通交際にさほど違和感は抱かなかったのかもしれない。

金子と出会う以前の古関には、恋愛経験はなかったはずだ。当時の小学校は高学年になると教室は男女別になる。上級学校に進学しようと思えば、女子が入学できるのは高等女学校か女子師範学校くらい。完全に男女の学舎は分離され、思春期をむかえた男女が接点を得ることは難しい。普通の学生にはハードルが高く、内気で無口といわれた古関だとさらに難しい。周囲の友人たちの証言からも、学生時代や川俣銀行時代は女性関係についての話も一切でてこない。

はじめて恋愛感情を抱いた初恋の相手との結婚。この時に覚えた熱情は、かなり激しいものだった。『古関裕而　かぐや姫はどこへ行った』(国分義司・ギボンズ京子著／日本図書刊行会）に、古関が金子に宛てた手紙の一節が紹介されている。

「洋行、貴女《あなた》に別れるかと思ふと、何だか、行きたく、なくなります。貴女の傍らにいつまでも居たい。いつまでも離れずに居たい。英国の作曲家協会との契約は、五年以上です。五年間。あまりに長いです。五年間の間に、二人は、どうなるのでせう。」

と……読んで納得である。「行かないで」と、引き止めてほしいのだ。もしもイギリスに行く気ならば、こんなこと書いて送るはずがない。古関はこの時点ですでにイギリスへ行かないことを決意していたと思う。貴女と一緒になれるなら、音楽家への夢を諦めてもかまわない。そんな決意を言外に匂わせた求愛宣言だと思う。

これで理解できた。古関がイギリス留学を決意できなかったのは、日増しに大きくなる金子への恋愛感情。この3カ月の間、洋行と恋愛の間で天秤棒は揺れつづけていたが。その答えが出たのだろう。心の天秤は大きく恋愛のほうに傾いていた。子供の頃から夢憧れた音楽家への道を諦めて後悔せぬほどに。

昭和5年（1930）5月、古関は川俣銀行に退職届を提出し、翌6月1日には金子と結婚式をしている。知り合ってから約3カ月のスピード婚。手紙をやり取りするだけの交際には、周囲の誰も気がついていなかった。それだけに、突然の結婚には誰もが驚いた。電撃結婚。その言葉がピタリと当てはまる。

古関が豊橋を訪れてプロポーズしたもので、彼女がそれを了承したのである。すでに手紙でお互いその意思を確認していたようだ。

「お互いが真剣に生一本《き》な心の持ち主だったら、一致した時、必ず偉大な芸術を産みだすことが出来ると信じます」

彼女が古関に宛てた手紙からの抜粋である。明るい芸術家タイプで、真面目で正直。これと決めたら一生懸命やる人。というのが、周囲の金子評。文面からもそんな性格がうかがえる。これと決めたら躊躇しない。

いきなり娘から結婚したいと打ち明けられた母親も、よくこれを許したものだと思う。現在でも普通の親なら驚いて「ちょっと待て」ということになるだろう。唐突すぎる。ましてや金子は、この時まだ17歳。女学校を卒業したばかりの世間知らずの娘が、悪い男に騙《だま》されたのではないか。と、心配もするだろう。しかし、まったく反対しなかった。父親が存命だった頃から、彼女にはやりたい事をやらせてきた。娘の自主性に任せる主義。あるいは、親だけに彼女の一本気な性格はよく知っている。どうせ止めてもきかないだろうと、諦めたのかもしれない。

放任主義といえばまた、古関の父・三郎次もそうだ。コンクール入賞の時も、取

材にやってきた新聞記者からはじめてそれを聞いたのだが、

「それは初耳です」

と、言うだけで、まるで人ごと。川俣銀行を辞めたことについても、とくに反対したり叱責したりしたという話は聞かない。結婚についても古関が勝手に決めての事後承諾のような感じではあるが、これも黙って認めた。この時代、両方の親御ともにこれほど自由放任なのは珍しい。

淡き夢の街、東京

しかし、古関はなぜ収入の安定した銀行員を辞めてしまったのだろうか。

昭和4年（1929）10月にはニューヨークのウォール街で〝暗黒の木曜日〟と呼ばれる株価の大暴落が起こり、その影響で不景気から浮上しつつあった日本経済も再び沈む。会社倒産が相次いだ。職を失って文無しとなった労働者が、鉄路に沿って故郷をめざし歩く姿がよく見かけられたという。企業は新卒者の雇用を控えるようになり、この年は大学卒業者の30パーセントが就職できないという事態に。

明治維新後最悪の就職難の年といわれ、「大学は出たけれど」という言葉が流行語にもなった。縁故採用のダメ社員だった古関が、条件の良い職にありつくのは難しい時勢だと思うのだが……。

川俣での暮らしに不満はなかったはずだ。妻を娶《めと》れば独身時代よりも生活費はかさむ。仕事をつづけながら、この静かな山間の町で新婚生活を楽しむ。それが一番幸せな形だと思うのだが、こんな時に無職になって、どうするつもりか？　と思いきや、すでに次の仕事は見つけている。コロムビアと専属契約を結び、作曲家としてデビューすることが決まっていた。音楽家になる夢と、愛する人との結婚。このふたつを同時に手に入れたのである。もはや古関は無名の素人音楽家ではない。その存在は日本の音楽産業界でも知られていた。レコード会社との専属契約は、ありえない話ではない。

『鐘よ 鳴り響け』の中で、後にラジオドラマなどでコンビを組む劇作家・菊田一夫《きくたかずお》と対談し、コロムビア入社の経緯について少し触れている。それによれば、

「昭和五年で二十一か二だった。その前にコロムビアレコードに楽譜を送ったら何と思ったかチョット来いというので上京したら、『専属にならないか』という話

だったので銀行で帳面つけなんてつまらんから早速やめちまった（笑）」

つまり、5月に辞表を提出した時には、すでにコロムビアとの専属契約が決まっていたということになる。イギリス留学をとるか、恋愛をとるかで悩みながらも……すでに恋愛を取るための準備を着々と進めていたのだ。いや、古関の悩みはどちらを取るかということではなかった。心はすでに金子との結婚に動いていたが、彼女を幸せにできるかどうか。そこのところが悩みだったのでは？　幸せにできないと判断すれば、その時は結婚をあきらめてイギリス留学に行けばいい。そんなふうに考えていたのではないだろうか。

金子を幸せにする。それには川俣や福島では不可能だった。東京で暮らす必要があった。彼女は音楽への夢を捨てていない。いつか音楽学校に入学したいという夢を持っていた。その夢を叶えてやるには、音楽学校のある東京に居を構えて、ふたり暮らせるだけの収入を得る必要があった。コロムビアと専属契約できればそれは可能だ。また、音楽家になりたいという自分の夢も叶う。一石二鳥である。

恋は盲目というが、ふだんの古関からは想像できない行動力だ。対談の中では気恥ずかしさもあったのだろう、コロムビアから誘われたから東京に行ってやったという感じだ。が、じつは、この件で積極的に動いたのは古関のほうだった。菊田との対談で、古関は「コロムビアに楽譜を送った」と言っている。これは、まず古関のほうからリアクションを起こしていたということだ。

当時コロムビアの顧問だった山田耕筰も、コロムビアの経営陣に対して古関と専属契約を結ぶよう働きかけていた。山田の推薦について後に古関はこれを「後で知った」と言っているが、どうだろうか。

じつは、古関は福島商業時代から山田と交流があった。尊敬する山田に自作の曲を添えて手紙を送ったところ、「頑張りなさい」という返信をもらったという。それ以来、手紙を交換する間柄になっている。コロムビアに楽譜を送ったのは作曲家として採用してもらうため。コロムビアの顧問でもある山田に会いながら、何の相談もしていないというのはありえない。と、思うのだが……。また、イギリス留学をとるか恋愛をとるかで悩んでいた2月頃にも、古関は上京している。当然、この時も山田を訪ねたのではないだろうか？　東京まで出てきて、尊敬する山田に挨拶もせずに帰るというは、むしろ不自然だろう。ここで、すべて打ち明けて山田に助

古関が師事していた山田耕筰（朝日新聞社提供）

力を願った。その後にコロムビアへ楽譜を送る……と、想像ではあるのだが。

寡黙で引っ込み思案。いつも一歩引いて主張を抑制しているような古関である。進学も就職も、すべて状況にまかせ人にまかせて、まるで人ごとのように流されてきた。彼の人生の中でこれほど悩んで悩み抜いた末に、自ら行動を起こした経験はなかったはずだ。やっぱり、恋の力は凄《すさ》まじい。そして、この力を得なければ作曲家・古関裕而は生まれていなかっただろう。


福島で結婚式を挙げた古関と金子は、そのまましばらく実家で両親と同居しながら東京行きの準備をしていた。新町の家ではあいかわらず、道を挟んだ向かい側にある教会から、賛美歌や鐘の音が聴こえてくる。しかし、音楽浪人時代に聴いた音はとは違って、高らかに透き通った響きを感じただろう。

『東京行進曲』は相変わらず街でよく聴かれた。戦前の歌謡曲の流行サイクルは戦後と比べて長く、ヒットすれば1年や2年は歌われつづける。この頃の歌謡曲は、日本各地の名所や風俗などを歌詞にした『○○行進曲』や『○○音頭』といった〝ご当地ソング〟がブームになっていた。なかでも東京を歌ったものは多い。『東京

行進曲』のヒットにあやかった二番煎じの『新東京行進曲』もそれなり流行《はや》ってい
る。また、この年の後半には銀座の街を闊歩《かっぽ》するモダンガールの恋を歌った『銀座
モダンガール』が、福島のような地方では奇抜すぎる流行最先端のファッションと
ともに話題になっていた。

東京と地方の距離は現在よりもずっと遠い。現在なら新幹線で2時間程度の福島
―東京間も、当時は夜行列車に揺られての長くつらい旅になる。また、情報も少な
かった。おそらく、はじめて東京に出た者は、上野駅の改札を出た時点で途方に暮
れる。言葉も明らかに違って、道を尋ねても相手に通じない。そんな事態も多々起
こっている。地方で暮らす人々にとっては、外国に近い感覚の場所だったろう。だ
から、なおさら東京に憧れる。古関や金子にもまた、そんな気持ちはあったと思う。
この頃、まだ古関家に蓄音機はあったのだろうか？　あったとすれば、ふたりで東
京ご当地ソングでも聴きながら、銀座の街を闊歩する自分たちの姿を思い描いてい
たのかもしれない。

父の三郎次は、あいかわらずの放任主義。古関の上京について、直接には何も意
見することなく、

1930年頃の銀座の様子（朝日新聞社提供）

「頑張ってやって来なさい」

励ましの言葉をかけて送り出している。しかし、妻や親類には渋い顔で、

「演歌師の片棒担ぎか、せいぜい成功しても地方小唄の作曲をするのが関の山だ」

と、嘆いていたという。世の中はお前が考えるほど甘くないぞ。本当は息子に向かって、そう言いたかったのだろう。

「夢淡き東京」　　作詞　サトウ・ハチロー

柳青める日　燕が銀座に飛ぶ日
誰れを待つ心　可愛いガラス窓
かすむは　春の青空か
あの屋根はかがやく　聖路加か
はるかに　朝の虹も出た
誰れを待つ心　淡き夢の町東京

橋にもたれつつ　二人は何を語る
川の流れにも　嘆きをすてたまえ
なつかし　岸に聞こえ来る
あの音はむかしの　三味の音《ね》か
遠くに踊る　影ひとつ
川の流れさえ　淡き夢の町東京

君は浅草か　あの子は神田のそだち
風に通わすか　ねごうはおなじ夢
ほのかに胸に　うかぶのは
あの姿夕日に　染めた顔
あかねの雲を　みつめてた
風に通わすか　淡き夢の町東京

なやみ忘れんと　貧しき人は唄い

せまい露地裏に　夜風はすすり泣く
小雨が　道にそぼ降れば
あの灯りうるみて　なやましく
あわれはいつか　雨にとけ
せまい露地裏も　淡き夢の町東京

『夢淡き東京』は、昭和22年（1947）に発売された古関の戦後代表作のひとつ。焼け野原には平屋の粗末なバラックが立ちならび、空襲を免れた聖路加病院の上に建つチャペルが銀座からよく見えた頃である。東京の街にはまだ戦争の傷跡があちこちに残っていたが、それでも戦争が終わり空襲の心配がなくなれば、再び人々の心を惹きつける魅力を放つようになる。空襲を逃れて田舎に疎開していた人々も、東京に戻ろうかと考えはじめる。東京を知らぬ者はなおさら、明るく力強いメロディーがまた「東京には何か素晴らしいものがありそうだ」と、夢を抱かせたりもする。

しかし、この歌のタイトルは『夢淡き東京』……「淡い」という言葉は、儚《はかな》げで頼りない意味に受け取れる。つまり「儚い夢」「実現しない夢」「つかの間の夢」と、ハッピーエンドを想像するのは難しい。夢と現実とのギャップ、憧れの東京も実際に暮らしてみれば厳しくつらい。耐え切れず故郷に逃げ帰る者も多いだろう。あるいは、歌詞の4番にあるような故郷に帰ることもできず、暗い路地裏で貧困に耐え忍ぶ者もいる。

上京当時の古関にもその不安はあったはずだ。この歌の作曲を依頼された時は、上京した頃の心境を思いだしたのではないだろうか。新天地での暮らし、期待と好奇心に心は躍る。しかし、いまの東京は不景気で街には失業者があふれ、治安状況が悪化していると伝え聞く。大企業でさえ倒産している頃だけに、零細なレコード会社の将来などはこの先どうなるか分からない。そうなれば収入の道も断たれてしまう。東京での幸福な新婚生活も、淡い夢に終わるのではないか、と。

昭和5年（1930）9月、古関は金子を連れて上京する。この月に浅間山が噴火し、東京にも降灰が達している。汽車の行先に見える空は、火山灰で陰鬱《いんうつ》な鉛色に染まっていたのかもしれない。それを見てさらに不安は高まったか、それとも、隣に座る金子の手をとって「ふたりなら乗り越えられる」と、思いを強くしただろうか……。

古関裕而の旧宅の近くを流れる北沢川

偶然目にした歌詞には、兵士たちが故郷に残した家族を思う心情があふれていた。古関の心もそれに共鳴して、気がつけば曲をつけていたという。そんな不思議な縁で完成した『露営の歌』が大ヒット。戦時歌謡の第一人者に祭りあげられるようになった。しかし、自分の曲を歌いながら戦地へ向かう若者たちの多くが、遺骨となって帰ってくる。それを思うと、この成功を喜んでばかりもいられない……。

第3章 露営の歌

憧れの東京で〝田舎暮らし〟⁉

金子の姉は結婚して阿佐ヶ谷に住んでいた。古関夫妻は上京後しばらくここに下宿していたが、昭和6年（1931）の年が明けた早々に引っ越している。古関が上京した理由は、金子を音楽学校で学ばせるため。帝国音楽学校声楽科へ入学が決まり、その通学を考えて学校から近い世田谷代田《だいた》に住むことにした。

当時の住所は東京府荏原《えばら》郡世田谷町。翌年に東京が拡大して世田谷区が成立するまでは、東京市に含まれない郊外の農村である。明治や大正の頃まで、街道筋から離れたこの丘陵には、ダイコン畑のなかに数軒の農家が点在するだけの寂しい風景が広がっていた。しかし、昭和2年（1927）に小田急線が開通、世田谷中原駅（現在の世田谷代田駅）が開業したことで駅近隣の宅地開発がはじまる。関東大震災後、収入が安定したサラリーマンたちが、東京西部の私鉄沿線に家を購入して都心部から移住するようになる。電鉄会社も沿線で宅地開発をさかんにおこなっていた。この頃に流行った『東京行進曲』の歌詞には「いっそ小田急で逃げましょか

上京した古関裕而夫妻が住んだ世田谷区の旧宅付近

♪」と、駆け落ちを匂わす一節がある。小田急重役がこれに怒り、レコード発売元のビクターに怒鳴り込んだという。〝駆け落ち電車〟というイメージができあがってしまうと、電鉄会社としては不名誉この上ない。開発中だった住宅地のイメージダウンにもつながりかねないと心配したようだ。

古関が引っ越してきた当初、駅前には商店や宅地が建ちはじめていたが、そこから少し離れると田畑や雑木林が広がるだけ。彼は福島市の中心街に生まれている。生家の付近には近代的な欧米建築が立ちならび、大勢の人々が行き交う通りを眺めながら育った。また、川俣銀行時代に住んだ家も町の中心地にあり、商家や機織工場が軒を連ねるにぎやかな場所。これまで住んだなかで、最も寂しい眺めと感じたはず。故郷でも経験したことのない〝田舎暮らし〟を、まさか東京で経験しようとは……。

当時の世田谷中原駅は、丘陵地一面に広がる畑の真ん中にあり、駅舎も田舎のバス停にあるような小さな待合小屋でしかなかった。世田谷区が刊行している『ふるさと世田谷を語る』のなかで、古関とほぼ同時期に新居を購入して都心から引っ越

してきた人物が当時の様子を語っている。それによれば、
「春先には一寸先も見えないほどに焦土がもうもうと巻き上げ、夏には日照りをまともに受け、冬には丹沢おろしの東風が肌身を刺した」
と、ある。やはり福島や川俣での暮らしのほうが、よっぽど都会的で快適だったように思えるが。

昭和4年（1929）の『世田谷区古地図』を入手した。古関が引っ越してくる2年前のもので、この地図から彼が暮らした家の場所もおおよそ特定できる。駅からは400〜500メートル、徒歩10〜15分といったところだろうか。現在なら駅近至便な優良住宅なのだが、当時の道は舗装されていない。雨が降った翌日には道がぬかるみ、長靴がなければ一歩も外を歩けなかった。天候しだいでこの数百メートルが、長い苦行の道のりとなってしまう。

駅前にある数軒の小さな家並みが途切れると、見渡す限りの田園風景。遠く丹沢の山並みも見える。車がやっとすれ違える程度の細い道筋が、当時このあたりのメインストリートだった。その道を南へ、丘陵地を下ってゆくとやがて北沢川の河畔

に至る。川沿いのわずかな平坦地には水田もあり、畦にはスミレやレンゲの花も咲き誇り、童謡『春の小川』を思わせた。北沢川に架かる宮前橋を渡ると、ここからは細い脇道に逸れる。曲がりくねった上り坂。その坂の途中に、古関と金子が暮らす新婚家庭があった。

このあたりは、周辺に真新しい家が数軒が点在している。古関家と同じように、小田急開通後に移住してきた人々の家だろう。大正時代中期頃から昭和初期にかけて、玄関脇に洋間を配置した和洋折衷の建築様式が流行った。「文化住宅」と呼ばれ、都会的な生活に憧れる中間層のサラリーマン家庭が好んだという。都心から郊外の私鉄沿線に移住してきた人々が住むのはこのタイプの家で、付近に点在する農家とはすぐに見分けがつく。また、文化住宅に住む人々の暮らし向きや服装も、古くからこの地に住む農家の人々とはかなり違っていた。地方では洋服を着ている者がまだ珍しい時代である。見慣れないモダンな家屋とともに、朝になると背広姿で駅へと向かう人々の姿にも、土地人は違和感を覚える。

古関夫妻もそんな異邦人……いや、普通のサラリーマンよりもさらに不可思議な人種と映っただろう。新婚時代の古関夫妻を自宅前で撮影した写真が残っている。

昭和初期まで農業用水として利用されていた北沢川

背景に映っている家はやはり、洋風の玄関や窓のある都会的な文化住宅。しかし、周辺の風景はとても都会的とはいえない。雑木林や畑が広がり、家の前の道路は未舗装で脇には雑草が生い茂っている。また、カメラを前にポーズを取る夫妻は、建物以上に周囲の田園風景と馴染《なじ》んでいない。コートを手に持つ背広姿の古関と、小粋なクロッシェ帽と花柄の和傘を手にする金子。彼女のいでたちは流行最先端のモダンガールそのもの。これが銀座の街角ならば、しっくりくるのだろうけど……。

契約作曲家である古関が、会社に通勤することはない。コロムビアから呼び出しでもなければ、一日中ずっと家で過ごした。普通のサラリーマンが都心のオフィスで働いている時間に、のんびり畦道を散歩している。事情を知らない人々から奇異な視線を向けられる。個性的な服装の金子と連れ立って歩くこともあっただろう。人々は畑仕事の手を止めて、

「あの夫婦は何者だろう？」

思わず眺めてしまう。そんな光景が想像できる。芸術家や音楽家といった人種、ここでは外国人に等しい存在だったのかもしれない。

しかし、この年の春頃から古関夫妻のような不思議な人種が、世田谷中原駅の近辺には少しずつ増えていた。古関家とは線路を挟んで反対側の駅前に帝国音楽学校があり、小さな駅舎は朝夕そこに通う学生たちでにぎわった。

帝国音楽学校は東京・本郷で楽器店を営んでいた高井徳蔵・マキ夫妻らが中心となって昭和6年（1931）に開校された。金子はその第一期生ということになる。世田谷中原駅近くのダイコン畑の中に立つ校舎は180坪の木造2階建て、「帝国」というご大層な名のわりにはこぢんまりとしたもの。生徒数は150人で、片田舎の小学校といった程度の規模である。しかし、教師や講師には人材が揃っていた。当時、日本を代表するソプラノ歌手であるベルトラメリ能子も声楽の講師として名を連ねている。金子がこの学校に入学したのは彼女に憧れてのこと。その尊敬する師から、日本ではかなり希少なドラマチック・ソプラノの持ち主として才を認められたという。古関もまた妻の歌手としての才能は認めており、その声を愛してもいた。

音楽学校から徒歩圏内にある古関家には、金子の同級生たちがよく遊びに来てにぎやかだった。古関とは同郷の福島県安達郡本宮町《あだちぐんもとみやまち》の出身である伊藤久男は、下宿が近かったこともあり、毎日のようにやってきては夜遅くまで語らったという。この年の春、古関は早稲田大学の応援歌『紺碧《こんぺき》の空』を作曲した。これも伊藤の従兄弟《いとこ》が応援団幹部だった関係で古関に作曲が依頼され、現在も早稲田大学の応援歌として歌い継がれている。

伊藤は地元の名家で中学校時代はピアニストを志していたというから、古関とよく似た境遇で分かり合えることも多かったのだろう。お互いをかけがえのない親友と思っている。しかし、性格はかなり違う。伊藤は古関とは違い積極果敢で行動力がある。もしも、伊藤が正直に音楽を学びたいと言っていたら、上京は絶対に許されなかっただろう。そこで東京農業大学校に入学して親を謀《たばか》った。農業大学のほうは入学後すぐに退学して、いまは金子と同じ帝国音楽学校の生徒になっている。が、彼の親はそのことをまだ知らない。『露営の歌』『イヨマンテの夜』『栄冠は君に輝く』など、古関のヒット曲の多くは伊藤の歌唱によるもの。感情豊かに歌いあげるダイナミックなバリトンの響きと同様に、その性格もかなり男前だった。

ヒット曲に恵まれず苦悩する日々

世田谷中原駅の付近には帝国音楽学校の関係者の他にも、多くの文学者が住んでいる。明治時代には田端、大正期になると荻窪などの中央線沿線、そして、昭和初期には古関が住むこの界隈に多くの文学者が移住して〝文士村〟が形成されていた。彼らは家賃や土地代が安く、自然がよく残る郊外の地を好む傾向があった。当時の人気作家だった横光利一《よこみつりいち》、萩原朔太郎《はぎわらさくたろう》など著名な作家は数多い。戦後のことになるが、詩人の斎藤茂吉も晩年の数年間は古関家のすぐ近所に住み、北沢川の河畔を地下足袋を履いて散歩する姿がよく見かけられたという。

現在の北沢川は暗渠《あんきょ》化されて遊歩道となっているが、そこには、

「代田川のほとりにわれをいこはしむ　柳の花もほほけそめつつ」

という、茂吉の歌碑が立っている。川の辺りは近隣に住む作家たちが好んで散歩して、水辺に咲く四季の草花を眺めながら思索に耽った。古関もまた頭の中に音譜を描きながら河畔を歩く。川を渡ってすぐに八幡神社がある。当時の境内は現在よ

りずっと広く、社殿は木々に覆われている。ここもまたお気に入りの場所で、よく彼の散歩する姿が見かけられた。

上京してから半年以上が経過した昭和6年（1931）5月、歌謡曲の作曲家としての初仕事にかかっていた。古関は八幡神社の雑木林を散歩しながら、頭の中で何度も音譜を書いては消して、曲を練りあげてゆく。デビュー作はご当地ソングのブームということもあり、古関が望む故郷の福島をテーマにした『福島行進曲』に決まった。作詞を担当した野村俊夫も福島市出身で、生家は魚屋を営んでおり「喜多三」裏手の小路を挟んだ斜向かいに店があった。古関より5歳年長、子供の頃によく遊んでもらった〝近所のお兄さん〟である。気心の知れた相手で、故郷に対するイメージも共有している。歌詞にでてくる柳並木や福ビルも、古関にはしっくりと馴染む故郷のイメージだった。

この頃の世田谷代田の丘陵地からは、丹沢山系や富士山がよく見えた。それを故郷の山々に見立てながら頭の中で音譜を躍らせ、デビュー曲ができあがる。『福島行進曲』のB面には、これも故郷をテーマにした『福島夜曲《せれなあで》』を入れることになった。歌詞は竹久夢二の作。2年前に夢二が福島を訪れ、大ファンだった古関は面会を求めて宿舎のホテルに行ってみた。夢二は快くこれに応じ、即興でこの詩を書いてくれたという。

昭和6年（1931）7月、『福島行進曲』のレコードが発売され、古関は歌謡曲の作曲家としてデビューを飾った。コロムビア社内での評判もよく、ある程度の数字は見込めると期待された。しかし、結果は惨敗。福島という土地が地味過ぎたのだろうか？　同じご当地ソングでも、前年に発売された『祇園《ぎおん》小唄』の売れ行きは堅調である。また、小田急の重役を激怒させた『東京行進曲』もあいかわらずよく売れていた。歌詞のおかげで小田急線の知名度もあがり、週末は箱根へ向かう行楽客が増えて鉄道会社の業績も好調だという。『東京行進曲』の歌詞には小田急のターミナル駅である新宿も登場し、

〝かわる新宿　あの武蔵野の　月もデパートの屋根に出る〟

と、歌われている。古関が都心に行く時には、世田谷中原駅から小田急線を利用しただろう。東京西部郊外が住宅地として急速に発展したのに歩調をあわせ、新宿駅周辺の開発も急ピッチで進んでいた。駅前には三越や伊勢丹などのデパートが建

1932年に撮影された新宿駅の写真（ポストカード）（朝日新聞社提供）

ち、この年には『ムーラン・ルージュ』が開館している。欧米風の軽演劇や歌に踊りが、大衆にも受け入れられる時代になっていた。大衆が欲する文化は産業として十分に成立する。不況の時代にもかかわらず、レコード業界はこの数年間で規模を拡大しつづけていた。その主力商品である歌謡曲からは、数万枚の売り上げを記録するヒット曲も次々に生まれている。

「それなのに何故、僕の曲は……」

新宿駅のホームに立つ古関は、自分だけが取り残されている。と、そんな焦りを感じていたのではないだろうか。この頃、小さな地上駅だった小田急線のホームからは、新宿の街並みが眺められる。『東京行進曲』の歌詞にあるように、デパートの屋根の上に月が出ていた。電車待ちの人々のなかには、それを見ながら『東京行進曲』を口笛で吹いたりする者もいる。街に出て耳に入ってくるのは、いつも他人が作った曲ばかり。あまり感情を表に出すタイプではない古関だが、この時の表情には微かに悔しさがにじんでいたはずだ。

『福島行進曲』発売の翌月には、当時はまだ東京音楽学校の学生だった藤山一郎を歌手に起用して『平右衛門』が発売された。さらに9月になるとボクシングをテーマにした『輝く吾等の行くて』と、次々に歌謡曲の作曲を手掛けたが、売れ行きはすべて不調。コロムビア社内で古関の評価は下がりつづける。

専属作曲家とはいえ固定給が支払われるわけではなく、レコードの印税がその収入となる。契約時に印税の先払いとしてコロムビアから300円を貰《もら》っていた。大卒のサラリーマン初任給3カ月分、職人や工員なら半年分くらいの収入に相当する。しかし、東京への引越し費用などですでに使い果たしており、金子の音楽学校の学費など支出の多さに頭が痛い。新人作曲家の初版枚数などわずかなもので、それだけでは苦しい。ヒット曲がでなければ生活は破綻する。そうなる前に、コロムビアから愛想を尽かされて契約が打ち切られるかもしれない。実際、社内ではそういった話もでていた。

「古関の曲は大衆ウケしない」

と……。山田耕筰などの著書を何度も読み返して学んだ古関のベースは、クラシック音楽にある。自身も将来的には交響曲を作曲してオーケストラを指揮する夢を見ていた。また、川俣時代に手がけた交響曲「竹取物語」がコンクールに入賞し、世界の音楽関係者に認められたという自負もある。歌謡曲を作曲するのは金のため。クラシックの音楽家になるまでの腰掛けのように考えていたのかもしれない。歌謡曲をナメて見下していたか？　それも否めない。

歌謡曲のスタイルにも馴染めなかった。西洋音楽に昔から日本人が慣れ親しんだ邦楽を織りまぜて歌謡曲は成立した。小唄などの技法を取り入れた曲は、大衆に耳にもよく馴染んで親しみやすい。また、日本的な感情を表現するのにも向いている。『福島行進曲』と同時期に発売されてスマッシュ・ヒットとなった『祇園小唄』も、三味線の伴奏を取り入れて、宴会のお座敷などでもよく歌われたという。本格的なクラシック音楽を学んだ者の多くは、それを低俗な俗謡と見下し「大衆に媚《こ》びている」と批判した。芸術家と呼ばれるような人種は、大衆に歩み寄り理解を得ようという意識が希薄だ。古関も同じだったか？　クラシック音楽が持つ格調の高さを捨てることができず、人々にはとっつきにくい曲と感じる。それがヒットにつながらない原因。本人も分かっていたとは思う。しかし、

「どうしても馴染めない……」

このままヒット曲が出なければ、コロムビアとの契約が打ち切られるだろう。生

活の糧が得られなくなる。なんとかしなくてはならないのだが、大衆ウケしそうな小唄や浪曲には拒絶反応が強い。江戸時代から民衆の間で流行っていた端唄《はうた》が、明治・大正期に江戸小唄として定着した。洒脱《しゃだつ》で艶っぽい。江戸っ子が好む粋がある。と、昭和の時代になってもお座敷でよく歌われ、歌謡曲にも取り入れられるようになった。しかし、西洋音楽を学んだ者には単調すぎて面白味がない。小唄には「都会っぽさ」を感じさせるしっとりした情緒があるというのだが、彼にはどうにもそれが理解できない。

感性は人それぞれ違う。その違いは生まれた土地柄が大きく影響する。東京は低湿地を埋め立てて造られた巨大都市だ。街中には運河が血管のように張り巡らされ、そこから発生する湿気が、隙間なく立つ家々によって密封されて街に充満する。曲がりくねった細い路地には湿気が漂い、それが体にまとわりついてくる。古関がはじめて東京の街を歩いた時、おそらくこの空気に違和感を覚えたはずだ。故郷の盆地にはいつも、高い山々から吹き下ろす乾いた冷涼な風が吹いていた。銀座の澱《よど》んだ運河と比べたら、阿武隈川の水は冷たく澄んでいる。そんな土地柄で育まれた彼の音楽は、明るく爽やかな方向へと向かう。「都会的なしっとりした情緒」は、べタついた嫌な湿気としか感じなかっただろう。拒絶反応が起こる。日本的な音を取り入れるにしても、これは無理だ。何か新しいものを見つけなければいけない。

歌謡曲はもともと西洋音楽と日本的な音楽のハイブリッドである。さらにジャズなど新しい音楽も取り入れながら、いまも進化をつづけている。新しいものを受け入れる余裕は、まだまだあるはずだ。日本人の耳に馴染む音楽をみつけて、それを自分のベースであるクラシックと融合させてみよう。それをやらねば、歌謡曲の世界で生き残ることはできない。大衆に寄り添いながら自分なりの〝古関メロディー〟を創造する。腰掛けの気持ちでやれることではない。本腰を入れてかからねば……と、悟った。これまでの散々な結果を見れば、悟るしかない。

旅と民謡に活路を求めて

古関が歌謡曲の作曲に悩み、契約打ち切りの恐怖に怯《おび》えていた頃。日本はまだ不況の真っただ中、世は鬱屈した空気に包まれていた。それが軍部の暴発を招く。昭和6年（1931）9月には満州事変が起こり、戦火はさらに上海へも飛び火した。

当時の人々はむしろ、それを喜んだ。西南戦争以来、国内で大規模な戦争は起こっていない。戦争を知らない世代が増えていた。戦場となった満州（現・中国東北部）や上海の悲惨な状況も、新聞や雑誌を見るだけではリアリティーに欠ける。対岸の火事を見物して不景気の憂さを晴らす。と、そんな程度に軽く考えてしまう。また、戦争で景気が良くなると歓迎する者も多い。実際、事変の勃発による軍需の増大が好材料となり、低迷した景気が上昇に転じ始めた。

昭和7年（1932）の年が明けると、血盟団を名乗るテロ組織が政財界の重鎮を次々に襲撃して世は騒然となる。また、5月には海軍の青年将校らが犬養毅首相を殺害した五・一五事件が発生した。国内も血なまぐさくなってきたが、襲われるのは政財界の大物ばかり。庶民には人ごとの感が強い。それよりも喜劇王チャップリンの来日のほうが関心事だろうか。

また、この年の3月には、戦前最大の大ヒット曲といわれた『影を慕いて』がコロムビアから発売されている。作詞・作曲者の古賀政男《こがまさお》は、4年前に将来を悲観して自殺しようと山に入り、この曲を着想したという。それだけに暗い。ギターのソロ伴奏も哀愁をおびている。二四目のドジョウを狙って、暗く哀愁漂う都会的モダニズムをにおわす曲が増えてきた。古関もヒットをめざすならこの時流に乗るべきだろう。が、彼にはそれができなかった。これも彼の肌にはあわないのだ。

昭和8年（1933）になると古賀政男の『サーカスの唄』がまた大ヒット。古関も同じコロムビアの専属作曲家として、何かと比較されて肩身が狭かった。専属契約してからこの3年余りの間に40曲以上を作曲しているが、いまだ会社側が満足するようなヒット曲は生まれていない。この頃になると『外務省警察歌』『青森市民歌』など、政府機関や地方自治体関連の地味な仕事が多くなっていた。あまりお金になる仕事ではなく、古賀のような人気作曲家に依頼できない。当時の古関がどのように評価されていたか、この仕事内容からもよくわかる。

「あるいはせいぜい成功しても、地方小唄程度の作曲をするのが関の山だろう」

上京前に父・三郎次の言葉が現実味をおびてくる。

古関も必死で打開策を模索した。大衆が受け入れ易い日本の音楽を取り入れるべきだが、それは江戸小唄や浪曲ではない。暗い情緒や退廃ムードが漂う湿り気のある音色は、避けたかった。好みの問題にくわえて、古関のベースとなっている音楽

古関裕而と同じくコロムビアの専属作曲家だった古賀政男
（朝日新聞社提供）

との相性も悪い。取り入れても不協和音にしかならないだろう。小唄や浪曲に代わる日本の音を、彼は民謡に求めようとしていた。民謡は地方の人々の生活の中から生まれた労働歌である。斜に構えた都会的なセンチメンタリズムよりも、田舎育ちの彼には明るい太陽の下で歌われてきた民謡がしっくりとくる。

昭和9年（1934）になると、それを試せる機会を得た。作詞家・高橋掬太郎《きくたろう》とコンビを組んで、新曲の製作に取り組むことになる。高橋は古賀政男の『酒は涙か溜息か』の歌詞を担当してヒットメーカーとなった人物。北海道根室市の漁師の息子というから、古関と同じ田舎者であり感性を共有することができる。それが幸いした。その高橋の提案で、

「どこか地方で取材して曲を作ろう」

ということになり、ふたりで茨城県の潮来《いたこ》に出かけた。小舟に揺られながら水郷の風物を眺め、心地よい川風にさらされるうち曲のインスピレーションが湧き起こってくる。高橋もまた何か思いついたようで、揺れる舟の上でしきりにメモを取っていた。この年の夏、ふたりの思いがシンクロして完成した『利根の舟唄』が発売される。これがよく売れた。古関にとって初のヒット曲。民謡の旋律は古関本

来の音楽性と違和感なく融合し、人々が馴染みやすくつい口ずさんでしまう曲に仕上がっていた。

満州事変以来、日本と中国国民党政府との対立は解消されず、一応の停戦は成立しているが、一触即発の危機的状況がつづく。日本の中国侵略を警戒する欧米諸国の視線はしだいに厳しくなり、外交的にも多くの問題が起きていた。が、その緊迫した空気はまだ、日本国内では感じられない。

昭和10年（１９３５）6月には、小田急線が新宿から小田原までノンストップの週末温泉急行を運行するようになる。ハイキングや軽登山を楽しむ人々が増え、週末の小田急線ホームはニッカポッカ姿で箱根へ向かう人々であふれた。また、7月には東京―下関間に浴室設備をもつ豪華な特急列車が運行されて話題となり、旅行ブームに火がつく。歌謡界はそんな世の流行りを機敏にとらえて、旅をテーマに旅情を誘う曲を次々にレコード化して発売した。街角に設置されるようになった街頭ラジオからは、この年の4月に発売された『旅笠道中』や、前年に東海林《しょうじ》太郎《たろう》が歌って大ヒットした『国境の町』などが流れていた。もちろん、古関の『利根の舟唄』もよく聴かれる。街頭に流れる自分の曲に耳を傾けるうち、ここ数年の鬱屈した気分が晴れてゆく。

7月には、再び作詞家・高橋掬太郎とコンビを組んで『船頭可愛や』を発売した。旅もの歌謡はこのふたりにまかせておけば安心。と、コロムビア社内の信用も勝ち得たようである。漁師の家に生まれた高橋は、自分の経験を生かして大海原に船を漕ぎだす漁師を思う詩を書いてきた。今度も『利根の舟唄』で手応えを得ていた民謡の要素を取り入れて曲を作った。日本的な旋律と情緒がありながらも、暗さや湿気は排除され明るくて温かみのある曲になっている。リズミカルな前奏は、走る汽車の車輪の音を連想させた。一説には瀬戸内海を思い描いてこの曲を作ったといわれる。前奏は東京から瀬戸内海へ向かう夜汽車の車中をイメージしたものか？　古関と高橋は曲を作るにあたり、

「また、どこかに旅行してヒット曲を出したいね」

と、相談していたという。前作の『利根の舟唄』が成功したのはやはり、現地をこの目で見てきたことが大きかった。以来、古関は曲を作るにあたっては、そのモチーフとなる場所を実際に見ることにこだわるようになっていた。東京—下関間に

話題の豪華列車が運行された年でもあるだけに、旅行好きでもある古関が実際に汽車に乗り瀬戸内海まで行ったことは十分に考えられる。

『船頭可愛や』は本人やレコード会社が予想した以上に売れた。〝爆発的〟といった表現もピタリと当てはまる。歌手には新人の音丸《おとまる》が抜擢された。歌手経験のない素人。下駄屋の女将《おかみ》さんだったが、それも話題となる。音丸は天性の美声の持主だった。民謡を習いに行っていたお師匠さんの家で、たまたま居合わせたコロムビアの社員が彼女の声に聞きほれてスカウトしたという。丸く温かみのある声は曲との相性も抜群だった。『船頭可愛や』はこの年最大のヒットとなり、古関はヒットメーカーとしての地位を確立する。

「『船頭可愛や』は素晴らしい。民謡調でありながら、君の独創的な旋律がよく出ていて立派だ」

と、コロムビアの応接室で重鎮の作曲家・佐々紅華《さっさこうか》から褒められたと、『鐘よ鳴り響け』に記されている。この言葉からも、歌謡界における古関の地位が格段に高まったことが分かる。都会的な哀愁を漂わせる古賀メロディーの対極。土や風の匂いを濃厚に含み、明るく心躍る古関メロディーがこの一曲で世間に認知された。

戦時歌謡の作曲家として世に知られた存在に

昭和12年（1937）7月7日、北京近郊の盧溝橋《ろこうきょう》付近で戦闘が起こった。夜間演習中の日本軍部隊を中国兵が銃撃したのが発端だという。日本軍には戦死10人、戦傷30人の被害が発生し、中国側も300人が死傷した。事件は偶発的なものだったが、これを契機に中国各地で日本軍と中国軍の戦闘が起こり、全面戦争に発展してしまう。日本軍は兵力増強を開始し、若者たちには次々に召集令状が届くようになる。古関この時28歳だったが、兵役は経験していなかった。20歳の時の徴兵検査では丙《へい》種、現役兵には適さないという判断を下されていた。そのうえ新兵として教育するにも歳を取り過ぎている。この頃の日本はまだ人的資源に余裕があり、彼のような者が徴兵される心配はまずなかった。

それもあり、戦争への関心は薄い。盧溝橋事件の翌月には、妻の金子と一緒に満州を旅行している。金子の兄が大連《だいれん》に住んでいる。彼女は長く会っていない兄に会いたがっていた。そこで夏休みの旅行を兼ねて満州へ出かけたのである。中国北部では激しい戦闘がつづいているが、満州は戦火が及ぶことのない安全地帯だった。日本軍最強といわれる関東軍が駐留して、治安情勢は安定している。

「朝もやにかすむ大連港に着くと、埠頭で働く苦力《クーリー》の姿、内地ではあまり見られなくなった馬車《マーチョ》、人力車（洋車《ヤンチョ》）などすべてがエキゾティックに映り、やはり来てよかったと思った」

『鐘よ 鳴り響け』の中でも、満州の旅を楽しんでいる様子が綴られている。

大連から奉天までは、南満州鉄道が誇る超特急列車「あじあ号」にも乗車した。古関は列車が大好きで、鉄道模型のマニアとしても知られている。ゆったりと広いシートで満州の大平原を眺め、食堂車ではロシア人ウェイトレスによるサービスを受けた。南満州鉄道では広い軌道を採用しているので、ガタンゴトンとリズムを刻む車輪の音も、日本国内の狭軌の線路とは違った音色だったはず。

当時は珍しいホームムービーのカメラを手に、大連から奉天、新京、そして、旅順の戦跡などを巡る。1カ月近い長旅になった。大連港から神戸へ向かう船で帰国の途についた時、季節は秋になろうとした。古関が乗船した「吉林丸」は、満州航路強化のため建造された最新鋭の大型貨客船。夫妻が使う1等客室は広々として浴室まで完備されている。当時の庶民にはかなり贅沢なものだった。運賃は1人65円、小学校教師の1カ月分の給料に相当する。しかし、それを平気で払えるほど古関の懐は印税収入で潤っていた。この年のレコード業界の総売り上げは100万枚を突破し、市場規模は巨大化しつづけている。

「吉林丸」に乗船する前、大連からコロムビア本社に電報して帰国予定を告げた。すると翌朝には担当ディレクターから返信電報が入ってくる。ボーイがノックする音で目覚めた古関は、電報を読んで怪訝《けげん》な顔になる。そこには、

「急ぎの作曲の仕事があるので、門司から特急で東京に戻ってきてほしい」

そう書かれていた。日満航路の貨客船は大連港を出航すると、翌日は門司に寄港する。そこから神戸港まではさらに2日かかる。また、神戸からはさらに夜行列車で一晩かけてやっと東京に着く。門司で船を下りて汽車に乗り換えれば、その旅程を2日間短縮できるというわけだ。古関らにすれば、波静かな瀬戸内海で島々をのんびり眺めながら、旅の最後を楽しむつもりだったのだが……。

コロムビアにとって古関はドル箱的存在なだけに、1カ月も仕事を休んで旅行さ

れるのは痛い。帰ってくれば山ほど仕事させようと、手ぐすね引いていたのだろう。それは覚悟していた。しかし、これほど帰郷を急がされるのは何か変だ。普通の仕事ではない。

「何かあるな」

頭の中にそんな予感が脳裏をよぎる。門司港で上陸すると、そこから渡船で対岸の下関駅に向かう。港や駅では中国の戦場へ出征する兵隊たちの姿をよく見かけた。召集されてまだ間がないのだろうか、娑婆っ気が抜けず軍服が板についてない兵士も多い。丙種で召集を免れた古関としては、申し訳なく後ろ暗い気持ちにもなってくる。また、海を隔てた中国では戦争が始まっているという現実を実感した。

下関の旅館で朝食をとり、新聞を読みながら列車を待った。新聞の一面は大きく紙面を割いて「進軍の歌」懸賞募集の結果発表が載っている。戦意高揚の歌を作るために、新聞社が広く一般から歌詞を求めたのだった。入賞者の作品は、近日中に曲をつけてコロムビアからレコードとして発売されると記事には書いてある。

「会社が自分の上京を急がせた理由はこれだったか」

古関は理解した。明るく心躍る古関メロディーは、戦意を高揚させる意図で作る軍歌にも向いている。と、コロムビア側は考え彼に白羽の矢を立てたのだろう。
新聞には入選作と佳作の歌詞が載っていた。古関は入選作よりも『露営の歌』と題した佳作のほうに強い感銘をうける。これにつける曲が、すぐに頭の中に浮かんできた。東京までの十数時間の汽車旅の道中、揺れる車内で五線譜を取りだし曲を書きはじめる。翌朝、東京駅に到着した時には曲がほぼ完成していたという。

「露営の歌」　　　　作詞　藪内喜一郎

勝って来るぞと　勇ましく
ちかって故郷《くに》を　出たからは
手柄たてずに　死なりょうか
進軍ラッパ　聴くたびに
瞼に浮かぶ　旗の波

土も草木も　火と燃える

果てなき曠野　踏みわけて
進む日の丸　鉄兜
馬のたてがみ　なでながら
明日の命を　誰か知る

弾丸《たま》もタンクも　銃剣も
しばし露営の　草まくら
夢に出て来た　父上に
死んで還れと　励まされ
醒めて睨むは　敵の空

思えば今日の　戦闘《たたかい》に
朱に染まって　にっこりと
笑って死んだ　戦友が
天皇陛下　万歳と

残した声が　忘らりょか
戦争《いくさ》する身は　かねてから
捨てる覚悟で　いるものを
鳴いてくれるな　草の虫
東洋平和の　ためならば
なんの命が　惜しかろう

東京駅に着くとコロムビアに直行した。そこで担当ディレクターから言われたのは案の定、懸賞作品の作曲依頼だった。しかも、古関が依頼されたのは列車の中で作曲した『露営の歌』のほう。第一席となった『進軍の歌』は他の作曲家に依頼して完成し、すでに録音まで終わっているという。古関が『露営の歌』を完成させたらそれをB面に入れ、急いでレコードとして発売したいと言うのだ。

「それならもう、車中で作曲しましたよ」

そう言って返すと、相手はかなり驚いた顔をしたという。

しかし、驚いている時間も惜しいと、ディレクターはすぐに動いて録音の準備にかかる。古関も前奏や間奏をつけるなどして曲を完成させ、数日後には伊藤久男、霧島昇、松平晃といった人気歌手を総動員して録音が完了する。9月にはレコードが発売された。

コロムビアがこれほど事を急いだのは、戦争がすぐに終わるという予測があったからだろう。軍部も国民も中国を過小評価していた。中国国民党政府の首都・南京《なんきん》を陥落させれば、蔣介石《しょうかいせき》は屈服する、と。そのため、軍の作戦や軍需物資の輸送計画も、数カ月の短期戦しか想定していない。それで決着がつくはずだった。戦争が終わってしまえば、国民の興奮は冷める。このような歌が売れる雰囲気ではなくなってしまう。この頃、日本軍は上海周辺の敵の制圧をほぼ完了し、南京へ向かって進撃を開始しようとしていた。レコード発売のタイミングとして絶好だった。

軍の進撃の勢いそのままに、レコードもよく売れて60万枚の大ヒットとなる。そして、12月初旬には南京が陥落し、日本各地ではそれを祝う提灯行列が行われた。これで戦争も終わると誰もが思ったのだが……蔣介石の国民党政府は、四川省重慶に臨時首都を設置して頑強に抵抗しつづける。短期戦の目論見《もくろみ》は潰えて戦いは泥沼化、戦線は拡大した。さらに多くの男たちが徴兵されて戦場へと送り込まれるようになった。皮肉なことに、この状況は『露営の歌』の売れ行きを維持する好材料。ロングランのヒットとなり、これを歌いながら出征兵士を見送るのが日本各地で恒例化していた。『露営の歌』はレコードのB面だったが、A面に収録された『進軍の歌』よりも国民には断然人気が高かった。

一方、軍中枢部では『露営の歌』の評判はよくなかったという。歌詞には兵士の正直な死生観が表れている。歌詞の1番にある「瞼《まぶた》に浮かぶ旗の波」は、出征の時に父母や友人、妻、子供たちや愛しい人々が振っていた日章旗のことだろう。死地への突撃の最中に後ろ髪を引かれる思いが頭をよぎる……と、そんなふうにもとれる。この他にも戦地で戦う兵士たちの悲哀や望郷の念が随所に見られる。もしも軍部が発注した軍歌であれば、かなりの箇所で訂正を求められたはず。歌詞はまったく違ったものになっただろう。

しかし、古関はこの歌詞だからこそ感銘をうけ、曲がすらすらと頭の中に浮かんだ。東京へ帰る車中から、各駅のホームで見送られる兵士の姿もよく目にしたことだろう。音楽家には家庭を顧みない無頼なタイプが多いのだが、古関は何があっても妻や子供たちのことを第一に考える。この人種としては珍しいマイホーム主義。それだけに、戦争で引き裂かれる家族たちに強い共感を覚える。その感情を素直に曲にしたことで、多くの人々に支持される大ヒットが生まれた。

『露営の歌』はよく〝軍歌〟といわれているが、正式には軍歌ではない。軍歌とは軍が主導して作った師団や連隊、部隊の歌。歌詞や曲は軍の担当者が厳しく審査する。『露営の歌』は軍を介さずに、あくまで新聞社やレコード会社など民間企業が作ったものだ。それは「戦時歌謡」「時局歌」に分類され、歌謡曲のひとつと考えてもいいだろう。演歌やムード歌謡、フォークソングなど、歌謡曲には様々なカテゴリーが存在する。

当時は歌謡曲にも検閲があるだけに、すべてが自由にやれるわけではない。しかし、軍歌よりも当時の大衆の心情が入り込む余地があった。多くの国民が戦争に賛成して「中国を少し懲らしめてやれ」と思っていた頃だけに、歌詞や曲にもそれは反映されていた。しかし、前線で戦う兵士やその家族たちは、それだけですまされない。勇ましいことを口にしていても、心の中は「死にたくない」「生きて戻ってきてほしい」という思いが充満している。が、決して口には出して言えない。

古関はその口に出せない感情をもくみ取って曲をつけた。だから人々の心に響く。出征兵士を見送る人々が歌う『露営の歌』が、困難に立ち向かう者たちを勇気づける応援歌やエールのようにも聞こえてくる。

最前線を慰問、兵士たちを前に号泣する

昭和13年（1938）になっても戦争は終わらない。4月になると国家総動員法が公布され、日本の人的・物的資源を政府が統制して運用できるようになる。長期戦を戦うには、すべての人や資源を戦争のために使えるように法を整備する必要があった。しかし、脆弱な日本経済のほうはすでに悲鳴をあげている。物資不足が深刻化しつつあった。2年後に予定されていた東京オリンピックの競技場建設も中断されたまま、7月になると開催地返上を正式決定している。また、ガソリン節約のため公共バスは木炭や薪を燃やして走るように改造され、街角には不完全燃焼の黒い煙が漂っていた。日本国内で暮らす人々もいよいよ戦争を意識するようになり、終わりの見えない戦いに不安が過《よぎ》る。

戦意高揚を狙う軍部や政府の意向もあり、レコード会社は時局歌や戦時歌謡の制作に力を入れるようになっていた。『露営の歌』の大ヒットで、古関はその第一人者と誰もが評価する。多くの作曲依頼があり『皇軍入城』『雪の陣営』『南京陥落』等々、数え切れないほどの戦時歌謡や時局歌を作った。なかでも、出征した夫の留守を預かる女性たちをたたえる『愛国の花』は、5月にレコード発売されて大ヒット。軽やかなワルツのリズム、濁りのないメロディーラインは、重苦しい時代だけになおさら清々しく感じる。こんな時代だからせめて歌は明るくありたい。そう願う人々の心に響いたのだろう。

上京してすぐの頃に作った早稲田大学応援歌『紺碧《こんぺき》の空』で高評価を得て以来、古関は各学校やプロ野球球団から応援歌を数多く作曲してきた。古関メロディーのもつ明るさや躍動感、清涼感は応援歌によく合う。彼の得意分野といってもいい。曲を戦時歌謡や時局歌もまた、応援歌と同じ気持ちで作っていたのかもしれない。戦意高揚を聴く人々をただ元気づけてやりたい、と。しかし、戦時歌謡はあくまで戦意高揚を目的としたものだ。選手たちが応援歌に励まされて戦うように、兵士は軍歌や戦時

古関裕而が応援歌『紺碧の空』を作曲した早稲田大学

歌謡に背中を押されて死地へ飛び込んでゆく。それについて彼はどう考えていたのだろうか?

「〝勝って来るぞと勇ましく〟と歌って生命を賭して行かれた人々、その戦争で失われたものの大きさが、一度に胸に込み上げてきた。」

『鐘よ 鳴り響け』では、終戦後に京都嵐山を訪ねて苔むした『露営の歌』の碑を発見した時の思いがこのように綴られている。

終戦後、多くの日本人が古関と同様、戦争に加担したことに後ろ暗さを感じていた。だが、戦中はどうだったか。おそらく、一般国民は戦争を「悪」と思っていなかったはずだ。日本が戦争する理由について深くは考えない。戦争を始めたからには勝たねばならぬ。戦地で戦っている同胞を励まし助けたい。その一心だろう。古関もまたそんな一般国民だった。前線で戦う兵士や銃後を守る国民を応援し励ます曲を作りたいと、純粋にそう思っていたはずだ。

夏が終わった頃、古関は陸軍から戦場視察と慰問を兼ねて中国北部の戦場に行くよう要請される。長期間の外地出張となれば、日本に残る家族のことが心配だ。また、慰問先は激戦がつづく最前線だけに、不測の事態が起こる可能性は十分に考えられる。愛する妻と子と今生の別れになるかもしれない。本音を言えば行きたくない。

これまでにも落語家や漫才師、歌手、作家などが戦地を慰問している。国のために戦い疲れた兵士たちの心を癒やす。芸人や歌手たちは、それが自分たちが果たすべき使命と考えて慰問団に参加した。もはや戦いは兵士だけのものではない。鉄不足を補って少しでも多くの兵器を増産するために、各家庭では鍋や釜などの鉄製品を供出することが始まっている。全国民が自分の持つ能力を活かして戦争の勝利に貢献しようとしていた。国民にそんな意識を植え付けたのは、戦意高揚のために作られた戦時歌謡の影響も大きい。その第一人者である古関が、戦地へ行くことを嫌と言えるわけがない。

出発は作詞家の西條八十とふたりで羽田飛行場から飛行機で博多へ行き、そこで先発していた他の作曲家や文化人らと合流して中国へ向かう手はずになっていた。空港で手を振り見送る妻や子たちの顔を見ると、後ろ髪を引かれる気持ちになる。

羽田飛行場で撮影された古関裕而（左）と西條八十のツーショット
（朝日新聞社提供）

決心は揺らいていた。が、それを顔にも出せず「行ってくるよ」と、空元気の笑顔を見せる。『露営の歌』に見送られる兵士たちの心情が身にしみてくる。

上海に上陸すると、汽車と揚子江の川船を乗り継いで内陸の要地である九江《きゅうこう》に到着した。ここに来るまでの道中、先行していた貨物船が敵の攻撃で沈められるという危ないシーンもあった。常に死と隣り合わせ。そんな過酷な場所で兵士たちは日々過ごしていた。つらい日常で彼らがよく歌うのは、ここでも『露営の歌』だった。古関も戦地の旅でそれをよく耳にしている。激戦地になるほど、兵士たちがこの歌を好む傾向が強くなる。勇ましいだけの軍歌では、疲れた心を癒やすことはできない。歌のなかに巧妙に散りばめられた家族への思い、それを優しく包み込むような古関の曲。兵士たちは歌いながら故郷に残した妻や子の顔を思い浮かべ、戦場の緊張から一時の解放を得るのだろう。

古関が九江の陸軍病院を慰問した時、ちょうど軍楽隊による演奏会がおこなわれていた。ここで司会者が粋なサプライズを思いつき、兵士たちに『露営の歌』を大合唱させる。その第一節を歌い終わったところで伴奏が中断し、作曲者がここに来ていることが告げられる。兵士たちは驚き、歓声を上げ、司会者は古関に壇上へ上がることを促した。

「ただいま、ご紹介の古関です……」

人前で話すことが苦手な古関が口ごもり恥ずかしそうに話しはじめると、兵士たちの歓喜はさらに大きくなる。その声にお辞儀した後、再び顔を上げることができなかった。感極まって号泣してしまったのだ。壇上からは兵士一人一人の顔がよく見えた。このうち何人が、生きて肉親のもとに帰れるのか？　そう考えると万感の思いがこみあげて思わず泣いてしまったという。古関の涙の意味や思いは、語らずとも兵士たちにも届いたようだ。もらい泣きする者も現れる。また、自分たちを癒やしつづけてきた『露営の歌』を作った大作曲家の飾らない人柄にも感銘したようだ。

この時に撮った記念写真が、福島市の古関裕而記念館に展示されている。陸軍病院の建物を背景に、慰問団の音楽家や詩人が最前列に椅子を並べて座っていた。「先生」と呼ばれもてやされる一流文化人には、面子《メンツ》を気にせねばならぬ立場もある。大勢の人々に見られている場所では威厳を見せようと意識するのだろうか？

小説家の石川達三《たつぞう》は足を大きく開いてふんぞり返っているように見える。詩人の西條八十は足を組んで余裕のある感じだが、人によってはそれを不遜《ふそん》な態度とも思うだろう。その西條の隣に、古関の姿があった。足をきちんと揃え、手は膝の上に置いて行儀よく座っている。場違いな位置に座らされ、申し訳なさそうに恐縮している一般人。そんな感じだ。が、それはいつも古関の姿でもある。戦後の東京オリンピックでロイヤルボックスに座った時とまったく同じだ。

日本中で名を知られる人気作曲家になっても、その態度は片田舎の音楽青年だった頃と変わらない。自分を特別な存在とは思っていない。家に帰れば愛妻家で子煩悩な、どこにでもいる普通の人。だから普通の人々の心情が理解できる。戦地で戦う兵士のつらさや望郷への思いも、残された家族の寂しさも、すべてくみ取ることができたのだろう。

長崎平和公園

自分が作った戦時歌謡が若者たちを戦場へ送りだす片棒を担いだ。と、古関は自責の念にかられる。戦争の受難者たちを励まし慰めることは、その罪を償うこと。戦争を生き残った自分の使命だと感じながら、多くの曲を作りつづけた。やがて日本は戦後復興を果たし、アジア初のオリンピック開催が決定。その入場行進曲の作曲を依頼された時、寡黙な男が感極まった声をあげた。報われた……思いが心に満ちあふれる。

第4章 長崎の鐘

南方慰問団派遣に参加して、戦地へ

昭和16年（1941）の正月には年賀状が廃止された。門松や正月料理は質素になり、年明けから国民は〝戦時〟を強く意識させられるようになる。古関は結婚してからも妻・金子宛に年賀状を出すのが習慣で、友人たちから「相変わらず、夫婦仲が良いねぇ」とからかわれたりもしていた。この年はどうだったか？　そんな色恋にまつわる浮かれた話も公の場ではしづらい雰囲気ができつつある。当時の社会は、現代よりずっと地域や職場での人間関係は濃厚だ。周囲への同調が求められ、何かと人目を気にせねばならない。空気を読むという意識は、現代人よりもかなり強い。

出征兵士を送る駅では、相変わらず古関の『露営の歌』がよく歌われていた。時代の雰囲気がそうさせるのか、空気が読める国民たちが軍や政府の意向を忖度《そんたく》しているのか……「贅沢《ぜいたく》は敵だ」のスローガンを書いた横断幕が掲げられた街で聴かれるのは、それによく似合う勇ましい戦時歌謡や時局歌といった歌謡曲ばかり。前年にヒットした『湖畔の宿』をはじめ、多くの歌謡曲が「時局にふさわしくない」として発売禁止になっている。政府の意向に沿った戦時歌謡なら発売禁止となるリスクも少ない。それもあってこの年あたりから、新たに発売されるレコードは戦時歌謡一色になってきた。

戦時歌謡の第一人者として、古関はますます忙しくなる。昭和15年（1940）、国民に愛馬思想教育の普及を目的に陸軍馬政局の肝煎りで製作された映画『征戦愛馬譜　暁に祈る』が封切られた。映画のほうは不評でどこの映画館も観客は疎《まば》らだったが、その主題歌として古関が作曲は手がけた『暁に祈る』は大ヒット。年が明けてもレコードは売れつづけていた。作詞は野村俊夫、歌唱は伊藤久男という福島県の同郷トリオによるもので、古関の戦時歌謡のなかでも『露営の歌』とならぶ傑作と評価が高い。

「私はこの詞を見た時、中支戦線に従軍した経験がそのまま生きて、前線の兵士の心と一体となり作曲が楽だった。

兵隊の汗にまみれ、労苦を刻んだ日焼けした黒い顔、異郷にあって、故郷を想う心、遠くまで何も知らぬまま運ばれ歩き続ける馬のうるんだ眼、すべては私の眼前にほうふつし、一気呵成に書き上げた。」

『鐘よ 鳴り響け』のなかで古関はこのように語っている。初のヒットとなった『利根の舟唄』で知った現地取材の重要性。テーマとなる場所を実際に訪れてその空気を感じ、人々と触れあうことで彼の曲はより深みが増してくる。それが、この時にもまた実証された。しかし、『露営の歌』の時と同様、この曲も軍中枢の幹部たちには不評だったといわれる。『暁に祈る』の歌詞には国に残した妻や子への未練が垣間見られ、曲も明るく清々しいだけではなくどこか哀愁の色がにじんでいた。兵士の戦意を煽り、戦いを鼓舞する。軍はそれだけを歌に求めていた。それ以外のものは余計な不純物としか映らない。

多くの戦時歌謡を手がけながらも古関自身は軍国主義に否定的で、曲にもそれに対する反発があったと言う者もいる。しかし、当時の古関がそのような意図で曲を作ったとは、どうしても思えない。彼は兵士たちの偽らざる感情に寄り添っただけ。兵士らは戦争を否定してはいない。誰もが自軍の勝利を信じて奮闘していた。が、人は機械ではない……軍中枢が望むように戦争のことだけ考えて生きることは不可能だ。戦闘が休止すれば空腹を癒やす乾パンを頬張りながら、故郷の母が作ってくれた温かい味噌汁の味を懐かしみ、ため息のひとつもつくだろう。また、兵舎の窓から夜空を眺めながら、残してきた妻や子の顔を思い浮かべては涙する。命知らずの突撃を繰り返しながら、戦闘が終われば生あることを喜び、生きて故郷に帰りたいと望む。このように揺れ動く兵士たちの感情を、古関は戦場視察で知った。その思いをくんで作り込まれた曲調だから、前線兵士に最も愛される戦時歌謡曲となったのだろう。

開戦の真珠湾攻撃では、アメリカ太平洋艦隊を壊滅させる大戦果をあげた。その2日後、イギリス宰相チャーチルが「不沈戦艦」と豪語した「プリンス・オブ・ウェールズ」もマレー沖海戦で撃沈する。強大な米英相手の戦争に勝てるのか？と、開戦前は誰もが心の内では不安に思っていたのだが、戦争が始まってみれば大勝利の連続。ラジオの速報ニュースが流れるたびに、人々は狂喜乱舞しながら万歳三唱。「これなら、いける」と、勝利を確信するようになった。

「プリンス・オブ・ウェールズ」撃沈のニュースをラジオで聞いて、古関もまた思わず拍手した。その直後に放送局から電話が入る。マレー沖海戦を詳しく伝える夜のニュースで流す曲を急いで作ってほしい、という依頼だった。それを快諾。放送に間にあわせるには、3時間で曲を完成させねばならない。大勝利の喜びと興奮が、その離れ業をやってのけさせた。東京放送管弦楽団の伴奏で藤山一郎が歌う『英国東洋艦隊潰滅』は放送開始までに譜面を完成させて、演奏も無事に終わった。長い横文字の艦名に音符をつけるのに苦労したというが、この仕事は放送局側からも好評だったという。放送を終えた古関は放送局を出て、灯火管制で真っ暗な街を歩きながら作ったばかりの曲を口ずさむ。かなり上機嫌で気分良く帰宅したことを覚えている。

この頃はまだ日本本土が敵の攻撃にさらされるなど誰も思っていない。相変わらず、戦争は外地でやるものという常識がまかり通っていた。人々は「鬼畜米英」のスローガンを叫びながら、地域や職場では空襲に備えて防災訓練に明け暮れる。しかし、敵の空襲を本気で心配するも者はごく少数派だ。多くの者は一歩家の中に入れば、浴衣姿でくつろぎながらのんきに戦前のジャズ風歌謡曲を口ずさんだりもする。人々の心には余裕があった。兵士やその家族以外の者にとっては、日中戦争の時と同様に、この戦争もまた遠い外地の出来事だった。徴兵される可能性が極めて薄い古関やその家族にとっても、そうだったはず……だが、昭和17年（1942）10月になると、古関の最前線行きが決定する。

日本放送協会が南方慰問団を派遣することになり、その隊員に選ばれたのである。知りあいの歌手や東京放送管弦楽団も参加しており、彼にその指揮や歌唱指導などを委ねようというのだ。前回の中支戦線へ派遣された時と同様、今回も断れない状況。また、兵士たちの心情に寄り添って曲を作る戦時歌謡の第一人者としては、主戦場となっている南方を見ずして仕事をつづけることはできない。

大阪港から9418トンの「楽洋丸」に乗船してシンガポールをめざす。もともと南米航路に就航していた貨客船を徴用したものだけに、船内の設備は充実している。しかし、慰問団にあてがわれたのは船底に近い下層の3等船室だった。2段ベッドが並ぶ殺風景な船室は、有名作曲家を遇するには不適当。船が南下するに従って換気の悪い船室内は暑気と湿気が充満し、慰問団のメンバーたちには不満を口にする者が多くなる。

古関も待遇に不満はあったはず。船室の気温が上昇するようになると、デッキで海を眺めながら過ごす時間が長くなる。劣悪な船室の環境や貧相な食事への不満、海中に跋扈《ばっこ》する敵潜水艦の恐怖、また、残してきた家族への心配など、悩ましいことは多々ある。しかし、この時の彼は南下するに従って明るみを増して変化してゆく海の色に魅せられていた。砂漠やシルクロードに憧れる旅好きな男なだけに、この最悪の旅の道中も何かしら楽しみを見出していたようだ。

3等船室の船旅は約2週間つづいた。下船したシンガポールでは、大英帝国が建設した壮観な街並みにはるかなるヨーロッパを感じる。また、刺すような南洋の陽光の下に茂る珍しい熱帯植物、豊かに実る色とりどりの果実にも興味をそそられた。その好奇心が過酷な船旅で疲弊した心身を癒やす。シンガポールで船を乗り換えてインド洋へ。イギリス軍艦艇の襲撃を警戒しながら、ビルマ（現・ミャンマー）の首都ラングーン（現・ヤンゴン）に上陸した。街の中心に聳《そび》える金色の巨大なパゴダに興奮を覚え、陽光で熱く焼かれた大理石の上を裸足で歩きながら参拝する人々の忍耐力に驚嘆する。ビルマの音楽や舞踊にも強い関心を持つようになり、

「これだけでもビルマに来た甲斐があった」

そう言って喜んだ。ビルマ内陸に駐屯する部隊を慰問した時には、少数民族の踊

りや風俗にも興味をそそられる。最前線の戦場で戦う兵士の心情に触れること以外にも、これら南方で見聞きしたことが後々の古関の曲作りにも大きな影響を及ぼすことになった。

『若鷲の歌』の大ヒットで予科練に志願者が殺到

帰国後も古関の仕事は好調だった。昭和18年（1943）になると海軍飛行予科練習生の大量採用が始まり、その宣伝を目的とした映画『決戦の大空へ』が封切られる。古関は詩人の西條八十と組んでこの映画のテーマ曲『若鷲《わかわし》の歌』を作曲している。例によって歌の舞台となる予科練を見聞しようと、土浦航空隊を訪れて若者たちの生活や訓練を熱心に見学した。はつらつと目を輝かせて厳しい訓練に励む生徒たちに感銘を覚える。しかし、航空機搭乗員の戦死率は高く、この若者たちも多くは戦地で果てることになる。そう考えると悲しくもあった。

そして完成した曲も明るく勇壮な曲調のなかに、哀愁や悲壮感が微かに漂っていた。それは古関の戦時歌謡曲に共通する特徴でもある。『若鷲の歌』はこの年の9

月にレコード発売され、翌年までに20万枚を超える売り上げを記録した。物資統制の厳しい戦時下にあっては記録的なヒットといっていい。しかし、このレコードが発売された頃、すでに戦況は日本の劣勢に転じている。反撃に転じたアメリカ軍にガダルカナル島を奪われ、ソロモン諸島の拠点も次々に喪失し、日本軍は戦線を大きく後退させていた。国内の工業力は激しい消耗戦に耐えきれず、また、敵潜水艦のシーレーン攻撃により原料輸入が激減。食糧や商品の不足はさらに深刻な状態に陥っている。

大本営発表では相変わらず景気のいい大勝利が伝えられるが、物不足はひどくなる一方。また、遺骨袋に包まれて帰ってくる戦死者は激増している。

「この戦争は本当に勝っているのか？」

戦争が厳しい状況になっているのは、誰もが肌で感じとっていた。それでも予科練を志願する若者たちは増えつづける。土浦の他にも三重や鹿児島などに予科練の施設が造られ、戦前までは数百人規模だった採用者数は昭和18年になると7000人以上に増えた。翌年は1万人を超える数になる。海軍がいくら採用枠を増やしても志願者は殺到した。それには『若鷲の歌』によって増幅された大空の勇者への憧れも多分に影響している。

昭和19年（１９４４）６月になると、サイパン島がアメリカ軍に占領され、日本は喉元に匕首《あいくち》を突きつけられた状況に陥る。圧倒的な敵の物量攻撃に対して、軍部は精神力で抵抗しようとする。その原資となる国民の戦意を高揚させるために音楽業界もさらなる協力を求められ、ますます多くの戦時歌謡が世に送りだされる。

２月には古関の『ラバウル航空隊』がまた大ヒットを飛ばした。この年だけでも彼が作曲した戦時歌謡は15曲。盧溝橋事件に端を発して日中戦争が勃発し、直後に発表された『露営の歌』の大ヒットで戦時歌謡の第一人者となった。それから太平洋戦争が終わるまでの約８年間、作った戦時歌謡や時局歌は２００曲を超えている。

昭和19年後半あたりからは「決戦」を意識させる曲が増えた。サイパン島に航空基地を完成させたアメリカ軍は、Ｂ29大型爆撃機による日本本土空襲を本格化させるようになり、国民の危機感が高まっていた頃である。昭和20年（１９４５）３月になるとアメリカ軍は沖縄へ侵攻。沖縄が陥落すれば、次は日本本土が戦場になる。そうなれば女性を含む一般国民も竹槍を手に敵と戦わねばならない。そのために、軍や政府は「総力戦」「一億総特攻」のスローガンを浸透させることに熱心だった。

古関が住む世田谷にも戦場のきな臭さが漂いはじめている。空襲に備えての防火訓練が頻繁におこなわれるようになった。自宅から徒歩数分の場所にある羽根木公園は、当時、根津山と呼ばれ雑木が茂る丘陵地帯。ここに大きな防空壕が設置された。空襲があれば子供たちをすぐにこの防空壕へ避難させるため、防空頭巾と着替えや非常食を詰めたリュックサックを準備し、寝る時にはいつもこれを布団の近くに置くよう習慣づけていた。3月の東京大空襲で東京の下町は壊滅。その後も東京への空襲は繰り返され、すっかり日常茶飯事となってくる。

5月24日には東京・山の手地域も大規模な空襲にさらされた。自宅めがけて焼夷弾が落ちてきた時には、

「今度こそ、だめだ」

そう叫んで、死を覚悟したという。落下してきた敵弾が屋根上数メートルを滑空して玄関先で土煙をあげるのを、古関は廊下の窓から見ていた。これが炸裂したら家もろとも吹き飛んでいただろう。幸い、焼夷弾は不発で家も無事だった。が、隣近所は焼け野原。今回は運良く助かっただけ、敵機は再び来襲してくるだろう。そ

戦時中、防空壕が設置されていた世田谷の羽根木公園

うなれば今度は家を焼かれるかもしれない。また、アメリカ軍の日本本土上陸作戦も近いと伝えられる。敵の上陸予想地点は伊豆半島。そこから敵が皇居のある東京中枢をめざして進撃すれば、そのルート上にある世田谷は戦場となる。逃げなければ。古関は妻子を故郷の福島の飯坂《いいざか》温泉に疎開させた。

終戦直後は山間の温泉地で潜伏生活

家族を東京から逃した後も、古関は一人で東京に残り放送局から依頼された仕事に携わっていた。しかし、7月になって妻の金子が疎開先で腸チフスに感染する。

「重体だからすぐに来るように」

と、電報が届く。抗生物質のなかった戦前・戦中は極めて危険な伝染病だった。結核とならんで日本人の死亡原因に占める割合も高い。急いで帰郷し、福島市内の病院に入院していた金子の看病にあたった。やせ衰えて変わり果てた姿になっていた妻は、一時、瀕死の状態だったという。

看病の甲斐あって、8月になると安心できる状況にまで回復する。古関にも故郷の街を散歩する余裕が生まれた。戦前はのんびりしていたこの田舎町も、いまは戦時の緊張が漂っている。背広姿の銀行員や着飾った着物姿の女性たちが闊歩したメインストリートの電車通りは、カーキ色の国防服やモンペ姿であふれていた。地味でくすんだ色に変わり果てた街並みに、夏の緑に覆われた山々がいっそう鮮やかに聳える。世がどのように変化しようとも、この眺めだけは昔と変わらない。

実家から７００〜８００メートルほど行った市街地のはずれ、信夫山の裾野に近い場所にノートルダム修道院がある。ここの敷地内にはインド洋で拿捕《だほ》された敵国籍の乗員・乗客約１４０人を収容した「福島外国人抑留所」が設置されていた。抑留所の存在については軍の機密として秘匿されていたのだが、多くの市民がそれを知っており、

「あそこに捕虜がいるから、敵は福島には爆弾を落とさない」

という噂も広まっている。東京や大阪といった大都市だけではなく、日本各地の中小都市にも敵爆撃機が飛来するようになっていた。どこの町でも「自分たちが住む街は大丈夫」と、住民たちは安心材料を探すことに熱心だった。そうでもしていないと安心して夜も寝ていられない。空襲に怯える人々には外国人抑留所が守護神

にも見えたことだろう。しかし、その神通力にも陰りが見えてきた。7月20日にはB29が福島市上空に飛来して、阿武隈川を挟んで福島県庁の対岸にあった瑞龍寺付近に爆弾を投下。田圃《たんぼ》の真ん中で炸裂した爆弾の断片に直撃されて、農作業をしていた少年1人が死亡している。この時に使用されたのは2トンの高性能火薬を詰めた特殊爆弾で、アメリカ軍が「模擬原爆弾」と呼んでいたものだった。原爆投下部隊が本番に向けての投下訓練を福島市上空で実施したのである。そんな事情を当時の市民が知るはずもない。

「そのうち、もっと大規模な空襲がある」

8月に入ると福島市内でも頻繁に空襲警報が発令されるようになり、人々の不安は高まる。空襲のサイレンが鳴るたび、古関は金子を背負って病院の地下にある退避壕へと走った。小柄で力のない彼には苦行だったろう。

8月10日になって金子がやっと歩ける状態になると、すぐに退院させて飯坂温泉の疎開先に戻った。福島市街地からは直線距離で10キロ程度しか離れていないが、山裾の温泉地から見渡した福島盆地はその距離以上に遠く感じられる。さすがにアメリカ軍もこの小さな温泉地にまで爆弾を落とさないだろう。また、敵が上陸して

古関裕而が疎開していた飯坂温泉

本土決戦となっても、主要道から外れたこの山間の地が戦場になることはなさそうだ。家族の安全は当面確保できるはず。それを確認すると、古関はすぐに汽車の切符を手配して東京へと向かう。仕事を依頼されていた放送局から、早く帰ってくるよう再三催促されていた。

終戦前日、東京行きの夜行列車に乗る。人手や物資の不足から線路はメンテナンスされずに荒れ放題。そのため事故が相次ぎ車両故障も頻発したことから、時刻表通りの運行は難しい状況だった。古関を乗せた汽車も時刻表通りには走れず、朝になっても東京はまだはるか彼方。やっと上野駅に着いた時には、8月15日の正午近くなっていた。そこから列車を乗り換えて新橋駅で降りると、1月の空襲で焼け野原となっていた駅前には黒山の人だかりができている。間もなく天皇の玉音放送があるという。

「何か重大発表があるようだぞ」

と、人々は緊張した面持ちで、駅舎に設置されたラジオに注目した。

玉音放送を聞いた時の思いについて、古関は自伝のなかでも多くを語っていない。

目頭を押さえて嗚咽《おえつ》する人々の様子を少し描いてはいるが、自身の感情を交えずにさらりと状況を説明するにとどめるだけ。福島を出発する直前に知人の新聞記者から日本の降伏が間近だという情報を知らされ、放送内容はある程度予測がついていたようだ。そのため衝撃をうけることもなく、

「やっぱりな」

そんなところだろうか。それよりも、この後を自分と家族がどう生きてゆけばよいのか。そのことで頭の中はいっぱいだった。

東京に腰を落ち着けることなく、古関はすぐに飯坂温泉へとって返す。福島電気鉄道（現在の福島交通）の飯坂駅を降り、左手に摺上川《すりがみがわ》の渓流を眺めながら鉄路沿いに歩く。軒を連ねて立ちならぶ湯宿や共同浴場は空襲にあうことなく健在で、道行く人々の表情も穏やかに見える。敗戦で大混乱している焼け野原の東京とは異世界といった感がある。

湯殿山神社付近の飯坂横町で道を左に折れる。緩やかな下り坂、道沿いには土蔵と商店がならぶ。その間にある細い路地を入れば、古関家が疎開した借家があった。

路地をさらに進んだ先は高台になっている。そこには共同浴場が立っていた。風呂のある家が珍しかった当時は住民にもよく利用していた。借家からは徒歩5分といったところか。まだ病が完治せず足元がふらつく金子の手を引きながら、一緒に湯浴みに出かける。そんな姿が想像される。飯坂温泉は泉温が高いことで知られる。熱い湯に我慢して浸かった後、共同浴場の外に出れば摺上川を伝って流れる涼風が、湯上がりの肌を心地よく冷やしてくれるだろう。共同浴場が立つ高台からは、温泉街や栗子《くりこ》連峰の山並みを見渡す絶景も楽しめる。飯坂温泉にはかつて松尾芭蕉、正岡子規、与謝野晶子など、多くの文人たちが逗留《とうりゅう》している。この景色に魅せられて多くの詩を読んだ。故郷の山河をこよなく愛し、それが自分の曲作りの源泉と語る古関だけに、この風景には創作意欲をかきたてられるはず。だが……この時は、それどころではなかったか？

戦時歌謡の代表的作曲家である古関は、軍の協力者として戦犯となる可能性があった。戦争末期に作曲した『比島決戦の歌』の歌詞は、フィリピンへ侵攻してくるアメリカ陸海軍の指揮官を名指しで謗《そし》っていた。敵将の名を歌詞に入れるのは軍部が強く要求したものだが、作詞家の西條八十もこれに抗えず。戦争末期になるとレコード会社や新聞社などの民間企業が製作する戦時歌謡にも、軍部から様々な要求がされるようになっていた。そのため、敵をあからさまに誹謗して虚勢を張るような歌が多く作られている。軍歌と戦時歌謡の判別も難しくなっていた。しかし、敵への憎悪を煽《あお》り、勇ましく戦うことだけを要求する。そんな歌が『露営の歌』や『暁に祈る』のように人々の心に響くことはない。

「この歌は私にとってもいやな歌で、終戦後戦犯だなどとさわがれた」

『鐘よ　鳴り響け』のなかでこの仕事の後味の悪さが語られている。それは戦争が終わってからも、禍根を残した。

8月28日には占領軍の第一陣が日本各地に上陸し、9月2日には東京湾に停泊する戦艦「ミズーリ」の甲板で降伏文書調印式がおこなわれている。この頃には東京や横浜、大阪など主要都市は連合国軍将兵であふれ、日本は完全に占領下に置かれていた。戦時中、軍部や政府はアメリカ軍を鬼のように残忍で野蛮な軍隊として喧《けん》伝《でん》してきた。日本はその軍隊の占領下に置かれたのだ。男はみんな殺されるか去勢され、女はみんな陵辱されて日本民族は滅びる。そんな噂が流布しており、本気で信じる者は多かった。

占領軍兵士による性的暴行を恐れて、若い女性のなかには髪を切って丸刈りになってしまう者もいた。それほど恐れられた占領軍。その最高司令官に就任したのが『比島決戦の歌』で誹謗したダグラス・マッカーサー大将なのだから、作曲を担当した古関が不安になるのも無理はない。占領軍兵士に埋め尽くされた東京に戻る気には、とてもなれなかったのだろう。しばし、この山間の温泉地で状況を見極めたほうが無難。飯坂温泉での疎開生活は、終戦を契機に「潜伏」「逃亡」といった感じになってきた。

潜伏生活の間、地元の人々にはおおいに助けられる。東京と比べれば食糧事情はかなり恵まれていた。飯坂温泉からさらに山間地に入れば桃やブドウ、リンゴなどの果樹園が広がり、ビタミン豊富な果物がいつでも手に入る。また、野鳥や蜂蜜、ドジョウなど栄養に富んだ大自然の恵みを土地人から分けて貰うこともある。金子の療養にも最適の地だった。清涼な空気と温泉に癒やされ、滋養に富んだ山の幸を食べることで、病に疲弊した体はみるみる回復してゆく。

世話になった地元の人々への恩返しにと、古関は飯坂小学校の校歌を通常の半額

の作曲料で引き受けてもいる。当時の校長は、

「金銭には淡白な人。また、決して偉ぶることがなく謙虚だった」

と、その人柄に感銘。飯坂温泉の人々との交流の様子が、このコメントから推察することができる。

地元の人々の厚い人情に触れながら暮らすうち、季節は夏から秋へ。降伏文書の調印から2カ月が過ぎていたが、古関の戦争責任を追及するような動きはない。温泉街にもジープに乗ったアメリカ兵がやって来るようになっていた。鬼と恐れていたかつての敵兵だが、兵士たちが乱暴を働くことはなく統制がよくとれている。また、レディーファーストが浸透した国だけに、女性に対する態度などは日本の男よりもよっぽど紳士的だった。

この頃、古関の家には夜な夜な地元の音楽好きな青年たちが集まり、音楽談議を交わすようになっていた。時にはアコーディオンの演奏にあわせて、アメリカやイギリスなどの民謡を歌うこともある。古関や金子も一緒に声を張りあげ歌った。戦時下では許されなかった敵性音楽を堂々と歌える。音楽家にとっては、敗戦も悪くないという気分になる。と、ある夜。いつものように音楽好きが集まって歌いはじ

めると、家の前の路地に数人のアメリカ兵が集まり静かに聴いていたという。彼らの態度を見て、アメリカ人は民度が高く、決して残忍な人種ではないということを確信する。話して分からない相手ではない。それで安心したのだろうか、潜伏生活を終えて上京する決心がついた。

上京の列車は窓が割れ、あちこち穴の開いた酷《ひど》い状態。薄汚れた軍服を着て国内各地の基地から故郷に復員する元兵士たち、大量の荷物を背負った買い出しの人々で車内は満員だった。日本はまだ敗戦の混乱の最中にあることを思い知らされる。敗戦の憔悴《しょうすい》にくわえ、栄養失調で苦しむ者たちの顔は暗く、車内は会話も少なく静まり返っていた。ゴトゴトと車輪の音だけが響く。

東京に戻ると「戦犯」に関する詳しい情報を知ることができた。古関はもちろん、マッカーサーを誹謗する歌詞を書いた西條八十も罪に問われることはなかった。軍歌や戦時歌謡で戦争に協力した音楽家や作詞家は、一人も戦争犯罪人のリストには入っていない。

「日本の流行歌には思想がないから、問題にする必要はない」

それが連合国軍総司令部の見解だったという。軽く見られている。そのおかげで戦犯を逃れたのだが……音楽に人生を懸けた古関にとっては、プライドを傷つけられて悔しくもなる。自分の音楽はその程度にしか見られていない。苦い思いをかかえながら、戦後の再スタートを切ることになった。

譜面を書く時間がない！　と、自らハモンド・オルガンを即興演奏

古関の帰京とほぼ同時期、昭和20年（1945）10月には戦後初の日本映画『そよかぜ』が封切られた。その主題歌である『リンゴの唄』が空前の大ヒットを記録。戦時下では「軟弱すぎる」と検閲で不許可となったサトウ・ハチローの歌詞が、戦後になって蘇ったものだった。作曲者の万城目正《まんじょうめただし》は古関と同じコロムビアの専属作曲家で、映画音楽を得意としていた。戦後一作目となる記念すべき曲、万城目ほどのベテランでも意識してしまう。そのため譜面を何度も書き直すうちに締め切りを過ぎ、ロケ地の秋田県へ向かう夜汽車の中で曲を仕上げてぎりぎり間にあわせたという。敗戦直後の大混乱、日本がこのまま滅亡すると誰も信じて自暴自棄となっ

ていた頃である。そんな時、精力的に映画撮影や曲作りがおこなわれ、驚異的なスピードで作品が完成されていたことに驚く。軍や政府の検閲がなくなり、自由に表現できる幅が広がった。映画や音楽に携わる者にとっては、敗戦もまた悪いことばかりではない。

『リンゴの唄』は映画の公開に先駆け、ラジオ公開番組で発表された。映画の主演女優である並木路子《なみきみちこ》が、リンゴの入った籠を手に客席をまわり、招待客にそれを配りながら歌うという演出も好評だった。作曲者からの「もっと明るく歌え」という指導を忠実に守り、並木はつらつとした歌声を会場に響かせる。歌声は街頭に設置されたラジオを通して、闇市を徘徊《はいかい》する者たちの耳にも届く。食糧を求めて血眼になり闇市を徘徊していた者たちが、ふと我に返って立ち止まり聴き入った。希望の見えない未来に一筋の光明が見えてくる……歌には人の心を動かし、世を変える力がある。戦後初のヒット曲でそれが実証された。連合国軍当局に軽く扱われた古関の屈辱も、これで少しは晴れただろうか？

『リンゴの唄』が街角に流れはじめた頃に、古関もまた東京に帰ってきて早々、戦後の活動を本格化させていた。この翌年から「ＮＨＫ」の略称を用いる日本放送協会では、新しく民主国家に生まれ変わる日本にふさわしい連続ラジオドラマの企画が進行していた。その音楽を担当することになる。

当時の放送は、皇居の畔に近い千代田区内幸町の東京放送会館でおこなわれていた。目と鼻の先には連合軍が接収して総司令部を設置した第一生命ビルがある。焼け残った付近のビルも大半は連合軍施設となり、界隈はアメリカ兵であふれていた。英語の道路案内板もやたら目につく。外国と錯覚するような眺め。東京放送会館の大部分も連合軍の民間情報教育局が使用していた。大柄なアメリカ兵たちが我が物顔に館内を歩きまわり、玄関では小銃を手に警備するＭＰが日本人の来館者を厳しくチェックする。古関はこの建物に入るたび、威圧され脅されているような気分を味わった。館内施設の大半はアメリカ軍が使用し、日本人はトイレの使用も制限されている。仕事場の雰囲気はあまりよくないが、しかし、それでも音楽に携わる仕事がつづけられる自分は幸福だと思う。

連続ラジオドラマの脚本と演出を担当する菊田一夫は、小学校卒業後、商家の年季奉公や印刷工として働きながら、サトウ・ハチローなどの詩人に弟子入りして学んだ苦労人。音楽学校に入らずに銀行員として働きながら独学した古関とは、相通じるところも多い。この後、ふたりは意気投合して生涯の〝盟友〟と認めあう仲になる。

菊田はせっかちな性格で、スタジオ内で気ぜわしく動きまわる姿がよく目につい た。また、感情の起伏が激しい。よく笑い、よく怒る。スタッフに声を荒らげて「バカヤロー」と怒鳴ることも珍しくない。古関と同様、菊田も吃音の癖があり、感情が高まるとうまく喋れなくなる。そのため、つい怒鳴ってしまうのだ。寡黙でおとなしい古関とは真逆なタイプだった。だから、お互いの欠点を補いあう名コンビになれたのかもしれない。菊田は一度だけ古関にも怒鳴ったことがある。すでに歌謡界では大家とされる存在だけに、面子やプライドがあるだろう。人前で罵倒されては、気の強い人物なら怒鳴り返して大喧嘩になりそうだ。古関もこの時はさすがに言い返したと、本人は記憶している。しかし、他人から見れば何事もなかったかのように、これをさらりと受け流したようにしか映らない。その態度に菊田も冷静さを取り戻したという。戦後になってからも古関の態度は変わらない。謙虚に一歩引きながら黙々と仕事をこなしていた。

古関裕而の生涯の〝盟友〟菊田一夫（朝日新聞社提供）

ラジオドラマでは主題歌を作るだけではなく、それぞれのシーンに効果的な音楽を入れるのも作曲家の仕事である。放送は週2回。ただでさえタイトなスケジュール。菊田の脚本がなかなか出来上がらず、いつも気をもまされた。が、その苦労の甲斐あって『山から来た男』は好評のうちに、年末には無事放送を終了する。そしてこの後も、菊田・古関のコンビによるラジオドラマ放送はつづく。

終戦1年目の冬、国民の平均栄養摂取量は生命を維持するギリギリの1400キロカロリーにまで落ち込み、終戦後1年目の頃は、駅や路地に餓死者の骸《むくろ》が転がっているのも珍しくなかった。春になっても食糧事情は改善されず。皇居前広場で開かれた「飯米獲得人民大会」(食糧メーデー)には25万の人々が集まり、会場で「憲法よりも米よこせ」と怒声が響いた。しかし、新憲法が公布された11月頃にはアメリカからの救援物資も続々と届き、食糧事情もしだいに落ち着いてきた。昭和22年(1947)の冬は、餓死者や凍死者を見ることも少なくなっていた。街頭でラジオドラマに聴き入る人々の表情に明るさが見られる。そうなると、他人の不幸に目を向けて同情するような心の余裕もできる。

当時はまだ、戦時中の空襲により両親を失った戦災孤児が日本中にあふれていた。東京だけでも約5万人の戦災孤児がいたという。疎開先の田舎から帰ってみれば、空襲で親が亡くなり家は焼けてしまっている。行き場を失った多くの子供たちは、上野駅地下道や上野公園で野宿するようになっていた。闇市のゴミを漁《あさ》り、靴磨きをしながら僅かな食糧を得る。体は垢《あか》で汚れ頭はシラミだらけ、栄養失調と衛生状態の悪さから多くの孤児たちが生命の危機に瀕している。その存在が新聞で取り上げられるようになると進駐軍も関心を示し、戦災孤児をテーマにしたラジオドラマを制作するようNHKに指示してきた。

ラジオドラマ『鐘が鳴る丘』が、この年の7月から放送開始される。戦災孤児への関心が高まっていた時期だけに世間は注目した。古関が作曲した主題歌『とんがり帽子』も子供たちに大人気で、学校の登下校の時などは、

「鐘が鳴ります　キンコンカン♪」

という歌声が、全国津々浦々でよく聴かれる。

ドラマも大人気で放送延長が決定した。それはいいのだが、問題は予算である。進駐軍はいろいろと口やかましい指示をするだけで、予算についてはかなり渋い。

音楽の予算も削られ、スタジオで演奏する奏者は3人程度の小編成になった。これでは表現の幅はかなり狭められ、菊田の要求にはとても応えられない。ひとつの楽器で、もっと様々な表現できないものか……と、古関は思案する。そして、ハモンド・オルガンに目をつけた。ハモンド・オルガンは昭和9年(1934)にアメリカで発明された電気楽器で、当時の日本では知る人も少なかった。しかし、欧米ではジャズ音楽などでよく使用されるようになり、1940年代には比較的ポピュラーな楽器になっている。アメリカ軍もこれを日本に持ち込み、進駐軍放送で使用していた。古関はそれを聴いて、音色がじつに多彩で表現の幅が広いことに驚かされる。そして、

「これは、いい」

閃《ひらめ》いた。菊田が求めてくる様々な要望にも、ハモンド・オルガンひとつあれば応えることができる。NHKでも戦前に1台購入されていたことを知り、それを使ってみることにする。奏者は古関自身が引き受けた。放送が回を追うごとに、菊田の台本の遅れが目立つようになっている。最近では放送直前に出来上がることも珍しくない。もはや、楽譜を書いている時間的余裕がなかった。脚本を見ながらシーン

に似合うメロディーを自ら即興で弾いてしまえば、大幅な時間短縮が図られるというわけだ。

当時のラジオドラマは生放送。声優をはじめ効果音担当者や音楽の演奏者などが、スタジオに一堂が集まって放送が開始される。ラジオに聴き入る人々を前に、失敗の許されない一発勝負である。劇場で観衆の前に演劇をやるような感じだろうか。プロの演奏者でもない古関が、重要なパートを担うハモンド・オルガンを自ら弾く。かなり緊張を強いられただろう。しかし、大きな失敗をすることなく、腕前はしだいに上達する。『鐘の鳴る丘』は昭和25年（1950）12月まで790回つづいたが、その最終回を迎えた頃にはハモンド・オルガン奏者としても、日本の第一人者と目されるようになっていた。現在、JR福島駅前にある古関裕而像は、ハモンド・オルガンを奏でる生前の姿を再現したもの。いまではすっかり、彼のトレードマークとなっている。

JR福島駅前にある古関裕而像

『長崎の鐘』で〝生かされた者〟の使命を果たす

終戦直後の混乱を脱して日本が前を向きはじめたこの頃、笠置《かさぎ》シヅ子が『東京ブギウギ』で一世を風靡《ふうび》していた。笠木は戦前から松竹歌劇団で活躍していたが、戦時中は派手な化粧や服装が時局にふさわしくないと当局から睨まれた。歌唱法にあれこれと注文をつけられ、本来の個性を発揮できない。また、軍や政府に嫌われる歌手には、斡旋される仕事も少なかったという。長らく鬱屈《うっくつ》した日々を過ごしていたようだ。しかし、終戦により彼女を縛る鎖は断ち切られた。手に入れた自由を謳歌するように、小柄な体を目いっぱい動かして踊り、パワフルに歌いあげる。その派手なパフォーマンスに人々は驚き魅了され、新しい時代の到来を実感した。笠置シヅ子だけではない。表現の自由を手にした音楽界は、それまでの戦時歌謡一辺倒から脱却。ジャンルはかなり豊かになってきた。音楽家や歌手たちも、戦時下で封印していた様々な歌唱法や作曲法を使うようになる。

コロムビアのスタジオや、川崎にあったレコードのプレス工場は空襲の被害を受けずに健在だった。そのため終戦後すぐに事業を再開し、専属作曲家では最も知名度の高かった古関の復帰を待ち望んでいる。ラジオドラマの制作で忙しい時期だったが、その要望に応えて歌謡曲の作曲にも着手した。

昭和22年（1947）1月には、古関にとって戦後初のヒット作となる『雨のオランダ坂』が発売された。作詞を担当したのはラジオドラマでコンビを組む菊田一夫。古関は昭和10年頃、原爆で破壊される前の長崎を訪れている。異国情緒あふれる街並みの美しさに感動したのが、昨日のことのように思いだされる。美しい街が原爆によって破壊されたことを残念に思っていた……あの頃の美しかった街の景色を頭の中に思い浮かべる。雨に濡れた石畳の坂道を想像しながら、そのイメージを譜面に書き込んだ。クラシックの手法もふんだんに取り入れて、間奏の一部にはオペラ『蝶々夫人』のハミングコーラスを取り入れるなどの技巧を凝らしてある。『雨のオランダ坂』に限ったものではない。クラシック音楽の技法を随所に取り入れるのは、この後続々と発表される古関の戦後歌謡の特徴でもある。デビュー当時の彼はクラシック音楽へのこだわりを捨てられず、それが低迷の要因にもなっていた。しかし、その頃と比べれば世は大きく変貌している。終戦後は歌謡曲のジャンルは増えてバラエティーに富んだものになり、庶民の耳は肥えてきた。クラシック音楽をベースとした古関の格調高い音色も、かつてのように違和感を抱かれることなく受け入れられた。

また、古関自身も多くの経験を積んで成長している。自分の好みや音楽性を突出させることなく、作詞家の意図を理解し、歌手の個性を考えて作曲する。曲作りに携わるすべての人々の個性が調和せねば、人々を魅了するヒット曲を生まれない。これまでの長い経験で、それはよく理解している。憂いのあるしっとりした曲調は、雨の長崎というテーマにはよく似合う。また、美貌の歌手・渡辺《わたなべ》はま子の哀愁をおびた歌声との相性も抜群だった。

『雨のオランダ坂』がヒットして以後も、古関は長崎を舞台とした歌謡曲を数多く手がけている。これについては、

「私は長崎の歌を最も多く作った作曲家かもしれない」

と、自身でも語るほど、数え切れないほどの曲を手がけた。なかでも昭和24年（1949）7月に発売された『長崎の鐘』は、古関の最高傑作として評価する人

も多い。

「長崎の鐘」

作詞　サトウ・ハチロー

こよなく晴れた　青空を
悲しと思う　せつなさよ
うねりの波の　人の世に
はかなく生きる　野の花よ
なぐさめ　はげまし　長崎の
あゝ　長崎の　鐘が鳴る

召されて妻は　天国へ
別れてひとり　旅立ちぬ
かたみに残る　ロザリオの
鎖に白き　わが涙

なぐさめ　はげまし　長崎の
あゝ　長崎の　鐘が鳴る

こころの罪を　うちあけて
更けゆく夜の　月澄みぬ
貧しき家の　柱にも
気高く白き　マリア様
なぐさめ　はげまし　長崎の
あゝ　長崎の　鐘が鳴る

『長崎の鐘』は、精神科医の式場《しきば》隆三郎《りゅうざぶろう》がコロムビアに企画を持ちかけたものだ。式場は戦前から文学界と深くかかわり、多くの著書を発表した作家でもある。また、「裸の大将」のモデルになった画家・山下清の才能を発見して育てた人物として知られる。そんな彼の友人の1人に、長崎医科大学教授・永井隆《たかし》博士がいた。永井は戦時中、長崎に投下された原爆により最愛の妻を失っている。その悲しみを封印

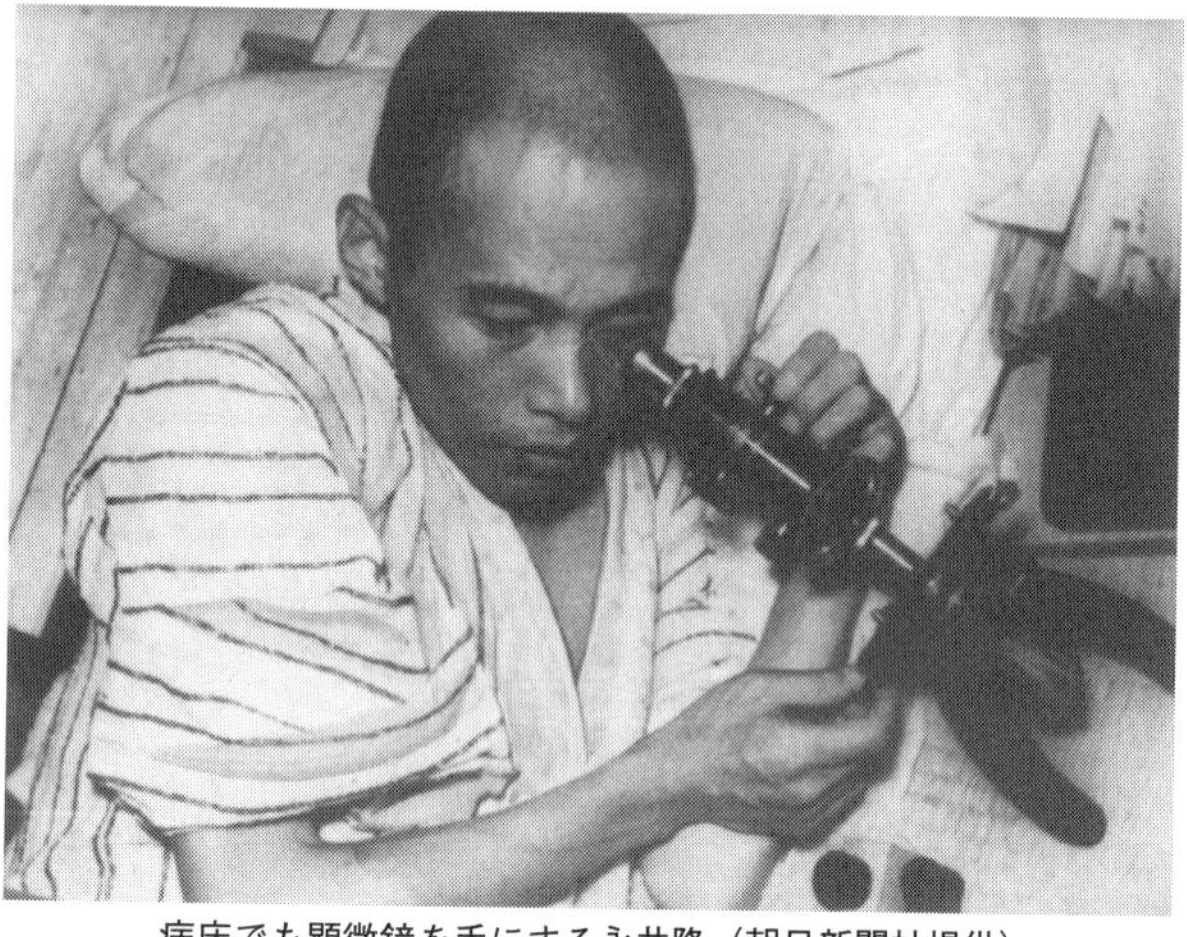

病床でも顕微鏡を手にする永井隆（朝日新聞社提供）

して、放射線物理療法の研究に取り組んだ知識を活かしながら、被爆者の救護と治療にあたっていた。しかし、彼もまた被爆の影響で白血病を患い、いまは幼い2人の子をかかえながら病の床にあるという。

苦境の友人のために何かをしてやりたい。式場の必死な要請に、コロムビアも即座に動いた。永井の書いた随筆『長崎の鐘』をもとにした曲を作り、レコード化して臨時発売することを決定する。作詞を依頼されたサトウ・ハチローもまた、広島に投下された原爆で弟を失っていた。それだけに、この仕事を意気に感じ、筆を執る手にいつも以上の熱が入ったという。

「これは、単に長崎だけではなく、戦災の受難者全体に通じる歌だ」

と、古関は歌詞をはじめて見た時の印象を語っている。この曲にかかわることで、戦時歌謡で人々を悲惨な戦争に誘った自分の罪を少しでも償えるのではないか？　そう思えてくる。

作詞を担当したサトウの熱情に応えるように、古関も全身全霊をかけて曲をつけた。優しく格調高いメロディーのなかにも芯の通った力強さが感じられる。それは、古関が曲に託したメッセージだろうか。戦争で傷ついた人々の心を癒やしながら、明日を信じて前を向いて生きようと語りかけているようだ。

録音の当日、歌手の藤山一郎は体調を崩して高熱があったにもかかわらず、ふらつく体に鞭打ってスタジオにやってきた。そして、収録を強行して熱唱する。古関と同様、凄惨《せいさん》な戦争から生き残りこの曲にかかわった者たちは、生かされたことへの使命を感じながら製作に没頭した。こうして完成した『長崎の鐘』が昭和24年（1949）4月に発売されると、たちまち人気に火がつく。藤山一郎が澄んだ高音で歌いあげる美しいメロディーには、物悲しく悲壮な色が多分に含まれていた。人々はそこに戦争で亡くなった肉親や友人たちの顔を脳裏に浮かべながら、いまある平和の尊さを思い知る。

ラジオのスピーカーからも『長崎の鐘』が連日のように流され、それが病床に伏す永井の耳元にも届く。永井はこの曲に深い感銘をうけて、病の苦しさに挫けそうになる心を勇気づけられたという。レコード発売から20日ほどが過ぎた4月末には、古関のもとに永井からの手紙が届けられた。そこには、

「ほんとうになぐさめ、はげまし明るい希望を与えていだけました」

『長崎の鐘』を歌った藤山一郎（朝日新聞社提供）

と、感謝の念が綴られている。曲に込めたメッセージは、一番聴いてほしかった人に正しく伝わっていたようだ。それを知り、古関の頬に感慨の涙が伝う。さっそく永井に返信し、ふたりの手紙のやり取りは永井が死去する昭和26年（1951）5月1日までつづいた。

阪神甲子園球場

盟友・菊田一夫の死とともに、古関も作曲家として第一線を退いた。流行の移り変わりが激しい世の中で、彼の存在は忘れ去られてゆく。しかし、作った曲は消えることなく残った。古関の死後も、彼が作った校歌や応援歌は歌い継がれる。また、全国高校野球選手権大会開会式で演奏される『栄冠は君に輝く』は、夏の風物詩としてすっかり定着している。未来に残る曲。それは作曲家として誇るべき栄冠なのかもしれない。

第5章 栄冠は君に輝く

生まれ変わる日本で、古関も新しい世界を模索

昭和25年（1950）6月に朝鮮戦争が始まり、アメリカ軍を主体とする国連軍は30万人を超える兵力を朝鮮半島に動員した。軍服や毛布、食料の缶詰、セメント、鉄条網など大量の軍需物資が必要となり、それを地理的に近い日本から調達するようになる。脆弱な設備では注文に追いつかず、設備投資もさかんにおこなわれた。戦禍の傷を覆い隠すように、焼け野原に新しい工場が建てられてゆく。戦争特需と呼ばれる好景気で、GNPは開戦時を上回るレベルにまで回復した。闇市は商店街に変わり、都市では野暮ったいモンペ姿や国民服は見かけなくなる。プリーツ・スカートが流行し、街中には華やいだ色が目立つようになった。

誰もが経済の復興を実感するようになったこの年には、当時13歳の美空ひばりが歌う『東京キッド』がヒットした。マンホール暮らしの戦災孤児の生活を描いた映画の主題歌だが、そこに悲壮感はない。自由を謳歌《おうか》し、明るい将来を夢見る少女の姿が歌われている。また、戦前に李香蘭《りこうらん》が歌った『夜来香《イエライシャン》』の日本語盤レコードが

発売され、こちらも話題になっていた。上海や満州などを舞台にした彼女の映画は、日本でも公開されて人気を呼んだ。『夜来香』の中国語盤を聴いた戦前世代も多いだろう。戦後、李香蘭は中国軍に逮捕される。国家反逆罪により処刑されそうになるが、じつは日本人だったことが判明。処刑を免れて帰国した後は本名の山口淑子《よしこ》を名乗り、女優・歌手として再デビューしたのである。日本軍占領下の頃の中国を思い出させるこの曲は、年間レコード売り上げ1位を記録した。ガード下で多くの戦災孤児が餓死した終戦直後の惨状、悲惨な戦争を引き起こす発端となった中国侵攻も、戦後復興とともに日本人は過去の出来事として割り切るようになっていた。それは、耳に心地よい歌にもなる……。

『東京キッド』や『夜来香』が大ヒットしていたこの頃、独自の世界観を表現した古関の楽曲も話題になっている。

ラジオドラマ『鐘が鳴る丘』のなかで、山奥の木こりが歌詞のない鼻歌を口ずさむシーンがある。脚本家の菊田一夫がこのフレーズにインスピレーションを感じ、アイヌ民族の伝統儀式をテーマにした歌詞をつけた。それが『イヨマンテの夜』というタイトルで、この年の2月にレコード発売されている。歌手には古関の同郷の友人である伊藤久男が採用された。前奏がなくいきなり歌がはじまる。伊藤の男っぽく情熱的なバリトンの掛け声が「アーホイヨーアー」と響き、まるでオペラを聴いているようだ。メロディーもかなり複雑で変則的。歌うことが難しい曲だった。古関の曲のなかでも、かなり異色な存在だろう。

「こんな難しい曲は、売れないですよ」

レコード会社の担当者はそう言って、最初からさじを投げていた。そのためセールスには消極的で、当初は宣伝ポスターも刷らなかったという冷遇ぶり。しかし、担当者の予想に反してレコードは売れた。年末になると会社の忘年会や地域の演芸会、のど自慢大会では『イヨマンテの夜』を歌う者が必ず現れる。人々はこれまでの歌謡曲にはなかった斬新さに魅せられた。難しい曲調だが、一度聴けばクセになる。気がつけばつられて熱唱してしまう。

もはや、業界関係者も予測がつかないほどに、戦後日本の価値観は多様化していた。戦後の古関の曲については「時代に媚《こ》びることがない」「流行歌でありながら通俗性がない」といったことがよく言われる。しかし、それは過去の歌謡界、過去の大衆の嗜好から見た評価でしかない。多様化する大衆心理は、そんな過去のデータが通用しなくなっている。古関はそんな時代の変化を敏感に摑《つか》んでいたのでは？　そんなふうにも思う。一時の流行り廃りではなく、本物を求める人が増えてきた。よい曲、心に響く曲であれば、どんなに難解な曲であっても聴いて理解しようとする。そんな人々によって市場が形成されるまでなっている。『イヨマンテの夜』の難しさは、作曲家が自分の好みを独りよがりに押しつけたものではない。これも人々が求めるものを形にした結果だ。

古関はそんな時代の欲求を感じていたのだろう。何度もふれたことだが、彼は人々の心情に寄り添って曲を作ってきた。駅で兵士を見送る家族、戦地で望郷の念に駆られる兵士たち。常にその心情や思いを理解しようと努力し、曲に反映させることで民衆の共感を得ることができた。その姿勢は、戦後の歌謡曲でも変わることはない。机上で過去のデータを見ながら売れ筋を判断する業界人よりもむしろ、大衆心理に長けていたのではないだろうか。

昭和27年（1952）４月、前年に調印されたサンフランシスコ講和条約の発効により、日本は主権を回復した。夏に開催される第15回オリンピック・ヘルシンキ大会では復帰が許された日本が「はたしてメダルを何個とれるのか」と、人々の話題はそれでもちきり。また、東京の若者たちの間では、青山にオープンした日本初のボウリング場に注目が集まっていた。そんな頃、古関のかかわるラジオドラマ『君の名は』がスタートする。

「忘却とは忘れ去ることなり。忘れ得ずして忘却を誓う心の悲しさよ」

曲にのせてドラマの冒頭で語られるこのセリフは、当時の日本人なら誰もが知っている。東京大空襲の夜、真知子と春樹は燃える街の中で運命の出会いをした。そしてお互い名も知らぬまま別れ、再会を信じて戦後を生きつづけるという大人向けのラブ・ストーリーは、ラジオドラマ始まって以来の大人気に。毎回、出会えそうで出会えない。それがファンをやきもきさせ、翌週の放送が気になってしまう。このラジオドラマの成功によって、現代でもよく使われる恋愛ドラマの定番パターンが生まれた。

『君の名は』の空前の人気は、数々の社会現象を巻き起こしている。毎週木曜日夜8時30分からの放送時間には、全国の銭湯で女湯が無人になる伝説がつくられた。

翌年に映画化されると、主演の岸惠子がストールを頭から巻いたスタイルは「真知子巻き」と呼ばれ、これをまねした若い女性たちが街角にあふれた。空から降ってくる焼夷弾の恐怖も、いまは恋愛ドラマの設定として女性たちを魅了する。戦争の記憶はこの頃になるとすっかり風化していた。

古関が作曲した『君の名は』のテーマ曲も大ヒットした。三部構成で2年間つづいたドラマは、東京・数寄屋橋から始まり新潟県の佐渡や三重県鳥羽、北海道の美《び》幌《ほろ》や弟子屈《てしかが》など、全国津々浦々に舞台が転じてゆく。シーンごとに流れる曲が、見知らぬ土地へのイメージを増幅した。映画版『君の名は』でも、古関の曲には映像美をさらに印象深いものにする効果があった。どこの風景もよく似合う。彼はこの時も事前にドラマの舞台となる土地を旅して、風景や土地柄などを自分の目で確かめながら曲を作りあげた。冬場の佐渡では日本海の荒波が怒濤となって押し寄せる海岸を眺めたが、その迫力と肌を刺す寒風のつらさが長く記憶に残っている。そういった体験のひとつひとつが曲に活かされた。

北海道を舞台にした『君の名は・第二部』も映画化され、昭和28年（1953）12月に封切られた。こちらも第一部を上回って3億円を超える興行収入を記録して

『君の名は』の大ヒットで社会現象となった「真知子巻き」
（朝日新聞社提供）

いる。現代の貨幣価値に換算すれば100億円近い額。この映画でも音楽は古関が担当した。春樹を愛するアイヌの娘が歌った『黒百合の歌』が話題になった。織井《おりい》茂子《しげこ》が「あああ……」と命懸けの恋を熱唱する。伊藤久男に勝るとも劣らぬ迫力、また、映画の舞台となった道東の原野によく似合う雄大なイメージも。こちらも『イヨマンテの夜』と同様、当時の日本の歌謡曲のなかでは異質の存在といわれる。古関の着想が歌謡曲の枠に収まり切らなくなってきた。そんな感じがする。

映像美と古関ミュージックの饗宴に観客は酔いしれる

ラジオドラマでは音楽が人々の想像力をかきたて、その情景を印象強くリアルに感じさせる。効果絶大だった。そこで培った古関の経験は、この後にやってくる映像の時代にも活かされる。

昭和28年（1953）2月、NHKが日本初のテレビ放送を開始した。8月になると民放のテレビ放送も開始される。テレビ受信機は1台20万〜30万円。大卒初任給が1万円の時代だけに一般家庭で購入するのは難しい。が、街頭に設置されたテレビには人々が群がり、この翌年から始まったプロレス中継に熱狂するようになる。ラジオ放送が始まった頃にも、似たような光景が見られた。やがてテレビ受信機は大量生産されて価格は下がる。そうなれば、各家庭に普及する時代が来るだろう。家庭の娯楽の中心はラジオからテレビへ。ドラマ制作もやがてラジオからテレビに移行する。それは誰もが容易に想像できた。

昭和30年（１９５５）の夏、古関は家族を連れて軽井沢へ出かけた。戦前からつづく古関家の恒例行事である。当時の軽井沢はまだセレブの避暑地といった雰囲気が濃厚。軽井沢銀座を散歩していれば、俳優や女優、著名人の姿があちこちに見かけられる。詩人の西條八十をはじめ古関が懇意にしている人々にもよく出会う。この時も菊田一夫と道でばったりでくわし、少し立ち話をした。

菊田は東宝の重役に就任し、演劇部門を統括することになったという近況を語る。ラジオドラマはそろそろ潮時と感じていたのだろう。戦前は浅草国際劇場や東宝に所属する劇作家として活躍した男だけに、古巣に戻るということか。そして、

「また無理を言うかもしれないけど、長いつきあいだからよろしく」

と、言い残して立ち去ってゆく。彼は演劇の舞台でも、古関の音楽を必要としていた。ラジオの時代は終わろうとしていたが、ふたりのつき合いはこの後もつづくことになる。

昭和31年（1956）2月、有楽町の東宝宝塚劇場で菊田の脚本によるミュージカル『恋すれど・恋すれど物語』が上演された。エノケンこと榎本健一《えのもとけんいち》や越路吹雪《こしじふぶき》など、当時の東宝が誇る大スターが勢揃いしたことで大きな話題にもなっている。舞台の音楽指揮は古関に委ねられた。ラジオドラマの生放送で現場のドタバタには慣れていたつもりが、大劇場での舞台となるとその規模が違う。大勢の出演者や裏方が出入りする楽屋は、まるで戦場さながらの慌ただしさ。また、ラジオドラマは古関自身が演奏するハモンド・オルガンと打楽器などの奏者が数人程度だったが、ここではフル・オーケストラを指揮することになる。

オーケストラを指揮するのは戦前からの夢だったが……甘い夢と現実は違った。菊田の台本は例によって遅れる。各シーンに入れる曲を作らねばならない。フル・オーストラともなれば、各パートの譜面をそれぞれ書かねばならず時間を要する作業になる。公演までの時間を逆算しながら、胃がキリキリと痛む思いを何度も味わわされる。それも影響したのか、以前から患っていた胃潰瘍が悪化した。公演後には倒れてしまい、手術と長期療養する羽目に。それでも、この仕事をやれてよかった。心は充実感に満たされている。

菊田との仕事はラジオドラマからミュージカルの世界に舞台を移して、この後も13年間つづくことになる。毎回のドタバタは相変わらず。昭和33年（１９５８）には東宝劇場が火事になって命からがら脱出するハプニングもあった。しかし、苦労に倍する楽しさとやり甲斐を感じてもいた。菊田が次にどんな世界を描いてくれるのか、それに自分はどんな曲をつけようかと思案をめぐらす。そして台本と曲がみごとはまり、幕が引かれる頃には観衆たちはスタンディングオベーションで喝采する。苦労が報われた思い。その感動と快感は、幾度味わっても飽きることがなかった。

昭和35年（１９６０）に上演された『敦煌《とんこう》』は、井上靖《いのうえやすし》の歴史小説を原案にしたもの。シルクロードを舞台とした物語。子供の頃から砂漠に憧れていたという古関にとっては興味深い仕事だった。昔からシルクロードに関する文献を読み漁《あさ》っていた。菊田もまた昔からシルクロードへの関心が高かったという。ふたりで打ち合わせしていると、ミュージカルのことよりもついはるかなる西域への憧れを熱く語りあうようになる。様々なシーンにあわせて、見たことのない砂漠やオアシスの地を思い描きながら曲を作った。

「その中で興慶府《こうけいふ》の踊りの曲は、合唱団のために書いた私の最も力作で、ヨーロピアン的かつまた中国的な音楽を取り入れた」

『鐘よ 鳴り響け』でも、この時の曲作りについて熱く語っている。

古関と菊田のコンビによる東宝ミュージカルは、この後もモンゴルの草原を舞台にした『蒼《あお》き狼《おおかみ》』などを公演している。雄大な大地をリアルに想像させる音楽、菊田が最も求めていたものだ。それは古関の真骨頂でもある。

また、当時の大衆にとって最大の娯楽だった映画の世界でも、古関の音楽が求められる。この頃は小さな田舎町でも必ず映画館があった。各映画会社では新作を次々に製作し、3本立て映画が週わりで公開される。プログラムを埋めるために大量の映画が生産されつづけた映画産業最盛期の時代だった。古関は戦前から多く映画で主題歌などを作曲してきたが、ラジオドラマやミュージカルの仕事で忙しいこの頃にもいくつかの映画音楽の依頼をこなしている。

なかでも興味深いのは昭和36年（1961）に公開された映画『モスラ』の劇中で歌われた『モスラの歌』だろう。現代とは違って、怪獣映画はまだ大人が熱をあげるようなものではない。子供向け、あるいは、キワモノといったイメージも強い。大作曲家が請け負うような仕事とは思えないのだが……彼は、いい意味で仕事を選ばない。小学校の頃から同級生に頼まれると、断ることなく自作の詩に曲をつけてやった。作曲家として名声を得てからも、田舎の小学校や中学校の校歌など地味な仕事を多く手がけている。自分の曲を必要とする人々が求めてくれれば、時間の許す限り喜んで依頼を受ける。生涯5000曲以上といわれる膨大な曲数は、彼の曲を求めた人々がいかに多かったかを物語っている。

『モスラの歌』は双子の人気歌手ザ・ピーナッツが扮する小人の妖精が、南海の小島に棲《す》む怪獣モスラを呼びだすための呪文として歌うもの。先住民の叩く太鼓を想像させる打楽器のリズムにあわせて、小美人が「モスラヤ、モスラ」と美しくも力強い歌声を響かせる。歌詞の一部にはインドネシア語が使われ、独特のメロディー

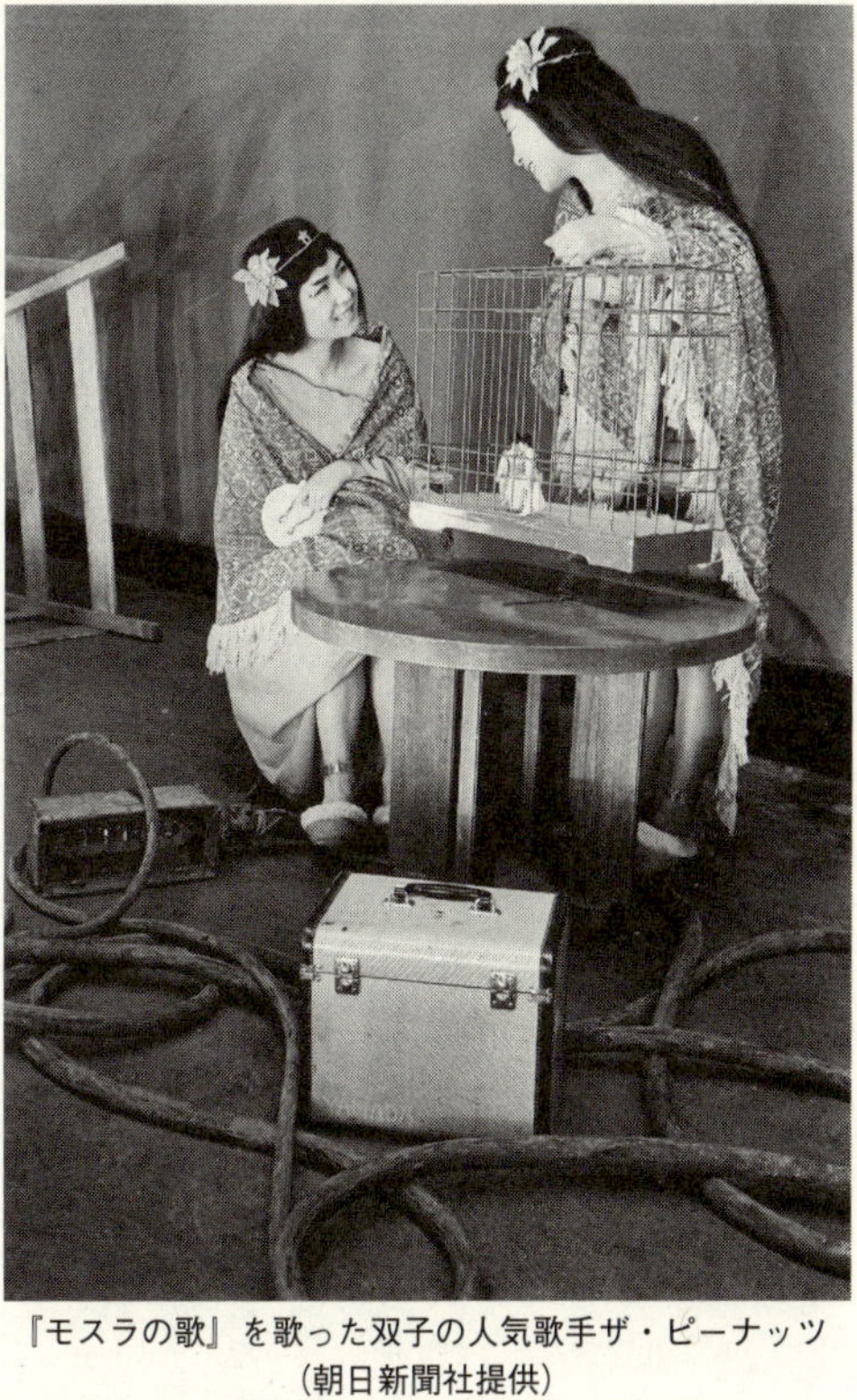

『モスラの歌』を歌った双子の人気歌手ザ・ピーナッツ
（朝日新聞社提供）

との相乗効果で南洋のエキゾチックなイメージが濃厚に香る。

この曲作りには、戦時中の慰問団に参加して訪れたシンガポールやビルマでの経験が活かされている。熱帯の陽光の下で歌い踊る村人たちを思い出しながら、頭のなかで曲を思い描いた。明治維新後に導入された西欧音楽は、北方民族系の音譜構造だといわれる。それが文明開化の波に乗って浸透し、従来の日本にあった南方系の音譜構造を淘汰してしまった。それだけに、南方系民族音楽を取り入れた『モスラの歌』は、耳には新鮮でありながらどこか懐かしい印象をうける。また、強く印象に残り、

「モスラの歌は、一度聴いたら耳に焼きついて離れない」

当時からそう言われていた。

日本人のルーツは東南アジアや南洋にもあるという。遠い祖先の記憶がこの歌に共鳴しているのかもしれない。日本人が忘れていた音譜構造を探し出して使う。「音楽とはこうあるもの」などといった考えにとらわれていたら、不可能な作業だったろう。すべての固定観念を取り払い、台本に描かれた世界を想像する。すると……シルクロードの砂漠を旅する隊商たち、大草原で繰り広げられる騎馬の戦闘、

モスラを讃えて歌い踊る南洋の島民、等々。頭の中にリアルなシーンが見えてくる。それに最も似合うリズムやメロディーも自然と浮かぶ。

心浮き立つマーチに世界中が注目した

古関がミュージカルの仕事に忙しかった昭和30年代は、毎年10％以上を記録しつづける高度経済成長の真っただ中。昭和31年（1956）の経済白書は「もはや戦後ではない」と明記して戦後復興の完了を宣言した。物価上昇も凄まじかったが、賃金はそれ以上のスピードで上昇している。「三種の神器」と呼ばれ、昭和20年代の庶民が憧れた白黒テレビ、洗濯機、冷蔵庫などの家電製品も、この頃になると一般家庭にほぼ普及していた。現在と同様、この頃も人々は労働過多で忙しく生きている。しかし、表情は明るい。「働けば働くほど豊かになれる」と、そんな言葉を誰もが信じていた。将来に甘い夢を描くことができれば、過酷な現実のつらさはかなり緩和される。そんな時代なだけに、甘い夢を語る歌謡曲が流行った。石原裕次郎と牧村旬子《じゅんこ》が歌う『銀座の恋の物語』が大ヒット。赤ら顔の酔客がふらつく足でホステスとこの曲をデュエットする姿が、盛り場でよく見られた。ほかにも『上を向いて歩こう』『下町の太陽』など、前向きな歌が目立つ。

国産レコード創成期の頃、レコードは販売員が富裕層の家庭を訪問して売られていた。それがいまでは、どこの街にもレコード店を見かけるようになっている。当時、シングルレコードの価格は３００円。給与水準からすれば、現代人がＣＤのアルバム１枚を買うような感覚だろうか。テレビや冷蔵庫、洗濯機にくわえて、レコードプレーヤーも一般家庭にかなり普及していた。蓄音機が高価だった戦前とは比べようもないほどにレコードの購買層は広がっている。高度経済成長は音楽業界の市場規模も巨大化させた。

音楽バラエティー番組の『シャボン玉ホリデー』が、いまでは考えられない25％の高視聴率を記録していた。テレビで人気に火がつけば、レコードは大量に売れる。１００万枚を売り上げるミリオンセラーの大ヒット曲も続々と生まれていた。しかし、一気に火がついた人気は陰るのも早い。人気アイドルは季節ごとに新曲を発表するようになり、曲の賞味期限は３～４カ月。半年も過ぎれば〝古い歌〟となり誰も聴かなくなる。週刊誌によって垂れ流される大量の最新情報が、先週までの話題を押し流して忘却の彼方に追いやってしまう。世の中の流れが速度を増していた。〝新しい〟ということに大きな価値基準がおかれるようになる。歌謡曲の世界はそれが最も顕著だった。昔のように人々が何年も口ずさみ聴きつづける。そんな歌は少なくなった。

この頃の古関は、歌謡曲の世界と距離をおくようになっている。ミュージカルの仕事で忙しいということもあったが、この慌ただしい業界の状況に、

「もう、やっていられない」

と、嫌気がさしていたのかもしれない。それは、時の流れが緩やかだった戦前の世界を経験した者たちに共通した意識だろう。しかし、彼らの思いに忖度することなく、時代はさらに加速度を増して流れつづける。

昭和39年（１９６４）の東京は、10月に開催される東京オリンピックに間にあわせるために各所で昼夜の突貫工事がおこなわれていた。街には騒音と土煙が充満する。銀座通りの柳並木は環境変化で枯れ果て、改修工事による撤去が進められてい

た。また、水路や堀は首都高速の高架下に埋もれ、聖路加病院のチャペルは立ちならぶ高層ビル群が邪魔して見ることができない。古関が『夢淡き東京』を作曲した十数年前とは、街の風景もすっかり変わってしまった。あの歌詞に歌われた東京はもはやなく、古い街の風景はやがて歌とともに人々の記憶からも忘れ去られてゆく。古関の名声もまた、このまま過去のものとして忘れられてしまうのか？　そう思われていた頃、彼の音楽が再び世に求められる。大きな仕事が依頼された。

その時の古関の様子ついては、古関の長女が『古関裕而　うた物語』(齋藤秀隆著／歴春ふくしま文庫）のなかで語っている。それによれば、

「たまたま私が実家に帰った時、父が興奮して戻って参りました。今度オリンピックの行進曲を書くことになったと、母と私に話しました。私は父の喜びが尋常ではないと、その時感じました」

ふだんの古関は物静かで大きな声を出すことなく、家族の前では決して興奮した姿を見せなかった。それだけに娘さんは驚き、この時の事がいつまでも忘れられなかったという。

日本が国家を挙げて取り組む東京オリンピック、すべての国民が開催を心待ちに

していた戦後最大のイベント。その開会式で使われる行進曲は、当然、日本を代表する作曲家に依頼されることになる。音楽界には東京音楽学校や海外留学で本格的にクラシックを学んだ権威もいれば、ミリオンセラーを連発して時代の寵児となっている歌謡曲の人気作曲家もいる。そんな者たちを押しのけて、大任は古関に委ねられた。スポーツの祭典にふさわしい行進曲を作るなら、日本において彼以上の適任者はいない。そう評価されたのだ。戦時歌謡、ラジオドラマや映画の主題歌、校歌、大学やプロ野球の応援歌、等々。これまで携わってきた多くの仕事で、古関の曲には「明るい」「元気がでる」「勇壮」といったイメージが国民の間でも広く定着している。長年の仕事が報われた思いに、おとなしく寡黙な男も興奮して思わず大声をあげてしまった。

喜びは大きかったが、しかし、日本の作曲家を代表する仕事である。責任を感じない訳にはいかない。いつもの仕事以上に気合いを入れた。アジアで最初のオリンピック。このことを強く意識しながら、頭のなかに曲を思い描く。世界中からやって来る選手や観客にアジアや日本を印象づけるため、日本的なメロディーを取り入

れてみようと考える。しかし、雅楽や民謡など色々と試してみるがマーチには合わない。あれこれと試行錯誤したあげく、

「これだ!」

閃《ひらめ》いたのが、国歌として定着していた『君が代』だった。その一節を曲のなかに入れてみる。曲にしっくりと馴染んで不協和音を感じない。それでいて欧米の音楽にはない独特の旋律は、聞き慣れていない外国人に「おや?」と不思議な印象を感じさせる。そこに遠い東洋の島国のエキゾチシズムが香る。この他にも、細部に様々な技巧を凝らして曲を完成させた。そして開会式の当時、

「心も浮き立つような、古関裕而作曲のオリンピック・マーチが鳴り響きます」

と、アナウンサーが発した実況中継の第一声とともに、明るいマーチのリズムに乗って各国の選手団が競技場に入ってきた。観衆の興奮はしだいに高まってくる。最後に日本選手団が入場した時には、大歓声で曲が聴こえなくなってしまった。が、してやったり。開会式の成功は曲の力も大きい。古関の顔には会心の笑みが浮かんでいたはず。

開会式が終わった後も、各競技場では『オリンピック・マーチ』が繰り返し演奏

旧国立競技場のスタンドと聖火台

された。外国選手団関係者や記者から、

「作曲者は誰なんだ?」

そんな質問がよくされたという。なぜか、気になってしまう曲だった。聴いていると無意識のうちに肩を揺すったり足踏みしたり、心が躍る。

外国人でさえそうなのだから、日本人にはオリンピックの思い出とともに、この曲が心の中にすっかり染みついていた。オリンピック終了後も小中学校の運動会や各地のイベントでは『オリンピック・マーチ』が流れる。いまも流れつづけている。オリンピック後に生まれた世代は曲名を知らずとも、

「ああ、この曲か」

と、誰もがそれに聞き覚えはある。

盟友・菊田一夫の死によって作曲家引退を決意

東京オリンピック閉会後、オリンピック景気の反動による不況を警戒して、政府は大胆な金融緩和を断行。さらに、建設国債を大量発行するなどの積極的な景気浮

揚策を実施した。それが功を奏して、昭和40年（1960）から「いざなぎ景気」と呼ばれる好景気が約5年もつづくことになる。エアコンやカラーテレビ、自家用車にくわえて、ステレオを購入する家が増えてきた。蓄音機の時代と比べると、音楽を聴く環境は格段に向上している。レコードで表現できる幅も広がった。

昭和41年（1966）にはビートルズが来日してブームを巻き起こす。レコード店の棚には海外ミュージシャンのLP盤が並ぶようになる。日本の歌謡曲にも歌詞に英語のフレーズが入るものが多くなったが、英語慣れした大衆がそれに違和感を覚えることはない。ザ・タイガースなどのグループ・サウンズが登場し、彼らが演奏に使うエレキギターやエレキベースといった電気楽器にも注目が集まる。若者たちの間ではエレキ・ブームが巻き起こった。また、エレキギターは他の歌謡曲の伴奏にも使われるようになっている。

昭和42年（1967）5月には、美空ひばりとグループ・サウンズのジャッキー吉川とブルー・コメッツが共演した『真赤な太陽』が発売される。これが140万枚を売り上げる大ヒットを記録した。あの美空ひばりが、流行りのミニスカート姿でエレキの伴奏に乗って歌い踊る姿は、当時としては衝撃的だった。

「世の中、変わったなぁ」

そんな実感を覚える者も多い。歌謡界に君臨する女王でさえ、時代の流れを意識して変革せねば生き残れない。

巨大化した音楽市場では生存競争も激しさを増している。年々時間の経過が速くなる世の中で、人々は流行り廃りをさらに強く意識して生きるようになった。流行の最先端である歌謡曲の世界で「古い」と思われたら、もはや死刑宣告をうけたに等しい。それを恐れてこの業界に生きる者たちは、常に新しいものを追い求めねばならなかった。

歌謡曲と一歩距離をおくようになった古関の選択は、正解だったのかもしれない。「古い」「新しい」ですべての価値が判断される。それを受け入れることはできない。この頃になると歌謡界からますます足が遠のき、ミュージカルの舞台音楽の仕事に集中するようになっていた。

価値観を共有する盟友と一緒に、ひとつの世界を作りあげる。菊田が次はどんな脚本を書いてくるのか？　どんな世界を見せてくれるのだろうか？　と、還暦を迎える年齢になっても、好奇心でわくわく胸躍らせつづける。そんな充実した日々を過ごしていた。

しかし、この充実した日々にも、いつか終わりの時はやってくる。時の流行に左右されることなく、いつまでも人の心に残りつづけるメロディー。生涯それを追い求めつづけていたかったのだが……。

昭和47年（1972）2月に開催された札幌冬季オリンピック開会式でも、古関の作曲した『純白の大地』が選手団の入場時に演奏された。オリンピックが終わると菊田から依頼された舞台音楽に仕事にかかる。忙しい日々は年末までつづいた。12月になると森光子主演で、戦前の大阪を舞台とした『道頓堀《どうとんぼり》』の上演が始まったが、この頃から菊田は体調を崩して顔色が優れない。糖尿病の持病があり、数年前にも倒れているだけに、古関や関係者をはらはらとさせた。年が明けた3月になると菊田の体はさらに衰弱して入院を余儀なくされる。重篤な状況と聞いて、古関も慌てて見舞いに駆けつけた。病床に伏す姿を目にした時には、盟友の仕事復帰が難しいことを悟る。

その翌月の昭和48年（1973）4月4日、菊田一夫は力尽きて亡くなった。

「僕も終わったな……」

葬儀の席、古関は憔悴した表情でぽつり漏らす。いかにも彼らしい、物静かな引退宣言だった。歌謡曲ではよくコンビを組んだ郷里の先輩・野村俊夫がこの7年前に、また、親交深かった西條八十も2年前に亡くなっている。そして今度は菊田までもが……。古関が曲を作るには、舞台となる世界が必要だ。それを提供してくれる詩人や劇作家たちはもういない。翼を失った気分だったろう。

古関の存在は忘れ去られても、その歌は残る

菊田の死後、演劇やミュージカルの世界とは疎遠になってゆく。また、昭和52年（1977）2月に発売された『津和野慕情』を最後に、歌謡曲の作曲をすることもなくなった。

この頃の古関は作曲家というよりも、歌番組の名物審査員といったイメージが強い。昭和47年（1972）から放送が開始された『オールスター家族対抗歌合戦』

に、審査員として毎週出演しつづけている。芸能人とその家族が出演して歌を披露する番組だが、芸能人の家族たちは素人。初めてのテレビ出演で緊張している者も多く、司会の萩本欽一に突っ込まれてしどろもどろになってしまう。それが茶の間の笑いを誘う。最近は見飽きた感のある〝素人いじり〟の発祥だろうか。審査員席に座る古関もまた、視聴者たちの印象に強く残った。静かに温厚なほほ笑みを浮かべる姿は、忙しなく動き喋りまくる萩本とは好対照。良いバランスとなっている。萩本とともに番組の〝顔〟的な存在だった。

古関は毎週の番組出演を楽しみにしていたという。しかし、恥ずかしがり屋な性格は、古希を迎える年齢になっても変わらない。放送時間になると他局にチャンネルを回して番組を見ようとしない。テレビに映る自分の姿を見るのが恥ずかしい。妻や子たちの前だとなおさら照れ臭い。

「見ればいいじゃない」

古関の性格を知りながら、金子はそう言って笑う。夫婦仲の良さは相変わらず。いまは時間も有り余るほどにある。趣味の鉄道模型を作ったりしながら、一日中、夫婦一緒に過ごすことが多くなった。第一線を退いた寂しさというのは、仕事に没頭してきた者に共通の思いだろう。それが無いと言えば嘘になる。しかし、それ以上にやり遂げたという達成感で心は満たされていた。

昭和59年（1984）になると、毎週の出演を楽しみにしていた『オールスター家族対抗歌合戦』の審査員も辞めてしまう。萩本が司会を降りたことで、

「私もそろそろ……」

と、降板を決めた。テレビ業界とのつきあいも、潮時と思っていたようだ。80年代初頭に巻き起こった漫才ブームで、ツービートや紳助・竜介など新しいお笑いスターが続々した。ネタには毒がたっぷりふくまれ、ツッコミがきつい。世間がそういったものを求めている。テレビのバラエティー番組も、昔と比べて刺激的で過激になっていた。戦前世代には拒絶反応も強かったのだろう。

古関の姿をテレビで見かけることは、ほんどなくなる。散歩する彼と出会っても、いまは彼をふり返って見る人はいない。恥ずかしがりの性格には、それも幸い。人目を気にせずのんびり散歩を楽しむことができる。自宅周辺の風景も、世相と同様に様変わりしていた。宅地と道路に埋め尽くされ、かつての眺めを思いだすのも難

しい。四季の草花を愛でながら歩いた河畔は暗渠となり、ダイコン畑が広がる丘陵地帯の彼方に聳える丹沢の山並みもいまは見ることができない。

　ここに移り住んだ頃は、郷里の福島よりもずっと田舎で、のどかな農村の風景が広がっていたものだが……そんな昔話につきあってくれる妻・金子も、いまはもういない。彼女は昭和55年（1980）7月23日に68歳で死去している。

　最愛の妻を失った寂しさを紛《まぎ》らわすように、晩年の古関は絵画に没頭した。子供の頃から、音楽と同じくらい絵を描くのは好きだった。菊田がいなくなったいまは、絵を描くことで自分の思いを形にしている。作曲の仕事を辞めても、何かを表現して伝えてゆきたい。その欲求が尽きることがなかった。この頃は郷里の福島を訪れることが多くなった。阿武隈川や雄大な山々の景色をスケッチブックに描いてゆく。多くの曲の着想を与えられてきた、いわば古関ミュージックの原点。世がどんなに変わろうとも、この眺めだけは昔から変わらない。それを確認するたびに、心が安らぐ。

古関裕而の妻・金子（朝日新聞社提供）

古関が華やかな歌謡界の表舞台から姿を消してからも、多くのヒット曲が生まれては消えた。彼が歌謡曲の作曲を辞めた頃とほぼ同時期、ミリオンセラーの大ヒットを連発して一世を風靡したピンク・レディーでさえ、すでに70年代の懐メロといった扱いになっている。

この頃、全国的に増えてきたカラオケ・ボックスで歌に興じる若者たちは、古関の名を知らない。しかし、そんな彼らも小中学生の運動会の時には『オリンピック・マーチ』に乗ってグラウンドを行進したはずだ。生涯に作曲した校歌は全国で約300曲。毎年、入学式や卒業式でそれを歌う生徒はかなりの数になる。また、校歌と同じくらい、応援歌の作曲も多く手掛けている。作曲家として最初の仕事が早稲田大学の応援歌『紺碧の空』だった。他にも早稲田のライバルである慶応大学応援歌『我ぞ覇者』、プロ野球の巨人軍球団歌『巨人軍の歌（闘魂こめて）』、阪神の『阪神タイガースの歌（六甲おろし）』など、数えあげたらきりがない。両チームの応援団が古関の曲を演奏し、スタンドを埋め尽くす観衆が声を揃えて歌う。そんな光景が早慶戦や巨人阪神戦のたびに見られた。

古関の存在が過去のものとなり人々の記憶から消し去られても、その曲は聴かれつづけ、歌い継がれる。

昭和64年（1989）の正月を古関は病院のベッドの上で迎えた。前年の春頃に脳梗塞で倒れてからは、病状が回復せぬまま長期療養がつづいている。すっかり衰弱して起きあがることができず、会話もままならない。子供の頃から好きだったスメタナの交響曲『我が祖国』を聴きながら、いまは終焉の時を待っていた。

その年の1月7日、天皇が崩御する。元号が昭和から平成に変わった6月には、昭和の歌謡界に君臨した女王・美空ひばりも亡くなった。ひとつの時代が終わった……と、誰もがそう感じていた頃。去ってゆく昭和という時代を追いかけるように、8月18日には古関も静かにこの世を去っている。享年80。

全国高校野球選手権大会の開会式を観覧する古関裕而（左端）
（朝日新聞社提供）

「栄冠は君に輝く」

作詞　加賀　大介

雲はわき　光あふれて
天たかく　純白の球きょうぞ飛ぶ
若人よ　いざ
まなじりは　歓呼にこたえ
いさぎよし　ほほえむ希望
ああ　栄冠は　君に輝く

風をうち　大地をけりて
悔ゆるなき　白熱の力ぞ技ぞ
若人よ　いざ
一球に　一打にかけて
青春の　讃歌をつづれ
ああ　栄冠は　君に輝く

空をきる　球のいのちに
かようもの　美しくにおえる健康
若人よ　いざ
みどり濃き　しゅろの葉かざす
感激を　まぶたにえがけ
ああ　栄冠は　君に輝く

古関が亡くなって30年が過ぎた令和元年（2019）8月6日、阪神甲子園球場に彼が作曲した『栄冠は君に輝く』が流れた。地方予選を勝ち抜き栄冠を手にした球児たちは、憧れの甲子園の土を踏みしめながらこの曲を聴く。また、優勝旗を手にしたチームが、この曲にあわせて球場を行進するのは毎年の恒例。元号が令和になっても変わらない。戦後間もない昭和23年（1948）に大会歌として採用されて以来、夏の大会の開会式と閉会式で演奏されつづけた。老若男女の区別なく日本人なら誰もが知っている。この曲を聴けば、

令和元年（2019年）の全国高校野球選手権大会開会式（朝日新聞社提供）

「今年も夏が来た」

そんな気分になってくる。これも日本の夏になくてはならない風物詩だろうか。

古関裕而は昭和という時代とともに消え去った。しかし、彼の作った曲は人々に愛されつづけ、令和の時代になっても消えることなく歌い継がれている。栄冠は永遠に輝きつづける。

【参考文献】

『鐘よ 鳴り響け 古関裕而自伝』古関裕而 主婦の友社
『評伝 古関裕而 国民音楽樹立への道』菊池清麿 彩流社
『古関裕而物語』齋藤秀隆 歴史春秋社
『古関裕而 うた物語』齋藤秀隆 歴春ふくしま文庫
『古関裕而 かぐや姫はどこへ行った』国分義司・ギボンズ京子 日本図書刊行会
『古関裕而早分かり抄録』赤間利晴 未来企画創造学舎
『昭和流行歌スキャンダル』島野功緒 新人物文庫
『小説 菊田一夫』三木澄子 山崎書房
『写真集ふくしま100年』福島民報社
『目で見る福島・伊達の100年』郷土出版社
『福島市史資料叢書 新聞資料集成』福島市史編纂委員会
『川俣町史』(第3巻) 川俣町
『福島県史』(第20巻) 福島県
『世田谷代田地域研究』北沢川文化遺産保存の会
『下北沢X惜別物語』きむらけん 北沢川文化遺跡保存の会
『世田谷の近代風景概史』三田義春 世田谷区企画部
『値段史年表』週刊朝日編 朝日新聞社
CD『栄冠は君に輝く 古関裕而大全集』日本コロムビア

青山 誠（あおやま　まこと）

大阪芸術大学卒業。ウェブサイト「BizAiA！」で『カフェから見るアジア』を連載中。著書に『坂野惇子　子ども服にこめた「愛」と「希望」』『吉本せい　お笑い帝国を築いた女』『安藤百福とその妻仁子　インスタントラーメンを生んだ夫妻の物語』（いずれもKADOKAWA）、『江戸三〇〇藩 城下町をゆく』（双葉新書）などがある。

中経の文庫

古関裕而

日本人を励まし続けた応援歌作曲の神様

2020年 2月15日　初版発行

著者／青山《あおやま》 誠《まこと》

発行者／川金 正法

発行／株式会社KADOKAWA

〒102-8177　東京都千代田区富士見2-13-3

電話 0570-002-301（ナビダイヤル）

印刷所／株式会社暁印刷

●お問い合わせ
https://www.kadokawa.co.jp/（「お問い合わせ」へお進みください）
※内容によっては、お答えできない場合があります。
※サポートは日本国内のみとさせていただきます。
※Japanese text only

定価はカバーに表示してあります。

ISBN 978-4-04-604557-7　C0130
JASRAC 出 1914448-901